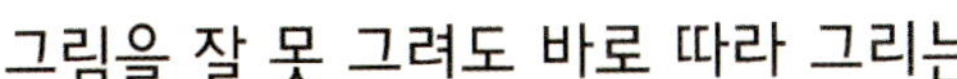

실전 톨 페인팅 배우기

그림을 잘 못 그려도 바로 따라 그리는

조미선 지음 | 한국예쁜손글씨POP협회 장대식 추천

**POP 전문가, 유아 교구 개발자,
아이 방을 예쁘게 꾸미고 싶은 부모님들의 필독서!**

방과후학습 교구, 인테리어 소품, 어린이 가구,
리폼 가구 등 총 26가지의 실용 아이템이
그림을 잘 못 그려도 바로 만들 수 있는 도안과 함께
들어 있습니다.

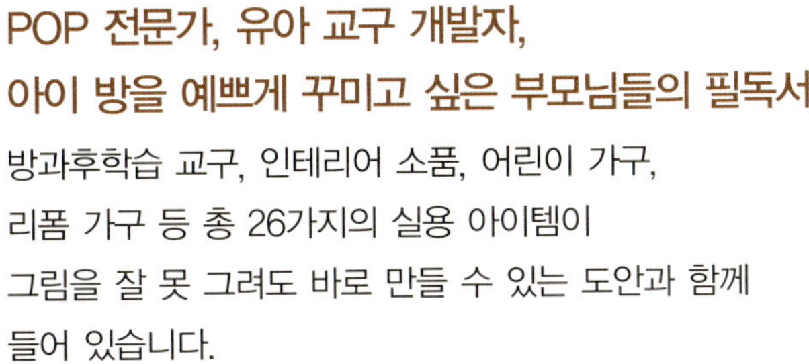

청솔

■ 일러두기

1. 이 책에서 사용된 용어는 기존 용어와 한글 맞춤법 규정에 의거하여 지정한 것으로 실제 사용하는 용어와 차이가 있을 수 있습니다. 혼돈을 피하기 위해 통용되는 공예 용어를 우선하였습니다.

2. 이 책의 재료 및 도구명은 제조사마다 다른 상품명은 가급적 피하고 구매할 때 혼돈이 없으며 한글 맞춤법 규정에 의거한 재료 및 도구명으로 지정하였습니다.

3. 이 책에 게재된 내용 및 교육 과정은 작가의 교육 노하우와 출판사의 장기간 기획 아래 만들어진 것입니다. 허가받지 않고 행해지는 유사한 내용의 복사 및 출판, 교육 사업은 저작권법 및 형사법으로 책임을 질 수 있습니다.

그림을 잘 못 그려도 바로 따라 그리는

실전 톨 페인팅 배우기

초판인쇄일 2013년 11월 5일 초판 1쇄
초판발행일 2013년 11월 11일 초판 1쇄

글쓴이 조미선
펴낸이 이성훈
기 획 이정운
편 집 김동욱, 최진효
사진 및 디자인 shslee33
영 업 장덕근, 박영기
관 리 정다운
펴낸곳 (주)도서출판 청솔
주 소 경기도 파주시 문발동 출판문화정보산업단지 507-7
등 록 1988년 5월 30일 제312-2003-000047호
전 화 031-955-0351~4
팩 스 031-955-0355

*책값은 표지 뒷면에 있습니다.
*파손된 책은 바꾸어 드립니다.

ISBN 978-89-7223-351-0 13630

실전 톨 페인팅 배우기

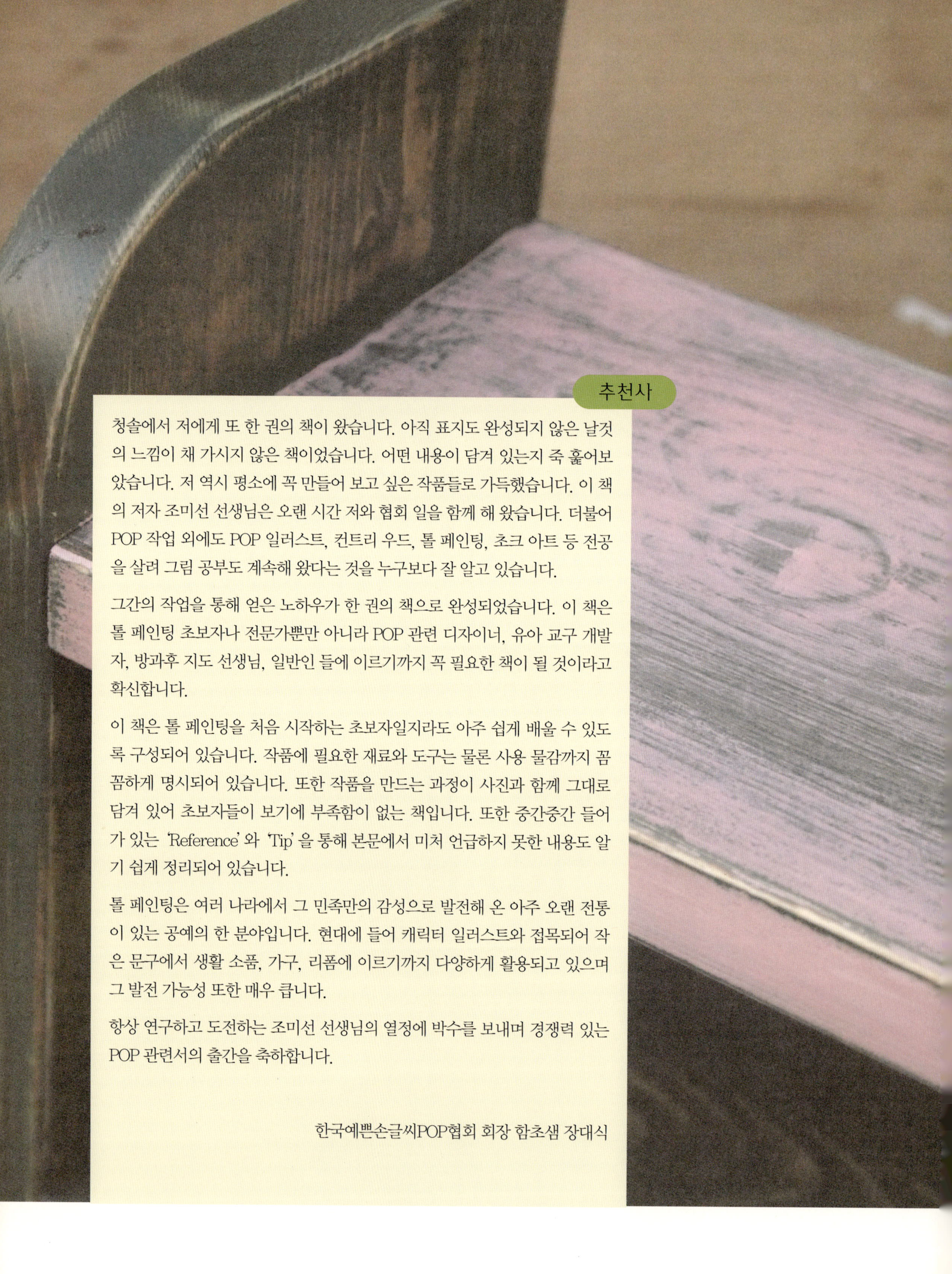

청솔에서 저에게 또 한 권의 책이 왔습니다. 아직 표지도 완성되지 않은 날것의 느낌이 채 가시지 않은 책이었습니다. 어떤 내용이 담겨 있는지 죽 훑어보았습니다. 저 역시 평소에 꼭 만들어 보고 싶은 작품들로 가득했습니다. 이 책의 저자 조미선 선생님은 오랜 시간 저와 협회 일을 함께 해 왔습니다. 더불어 POP 작업 외에도 POP 일러스트, 컨트리 우드, 톨 페인팅, 초크 아트 등 전공을 살려 그림 공부도 계속해 왔다는 것을 누구보다 잘 알고 있습니다.

그간의 작업을 통해 얻은 노하우가 한 권의 책으로 완성되었습니다. 이 책은 톨 페인팅 초보자나 전문가뿐만 아니라 POP 관련 디자이너, 유아 교구 개발자, 방과후 지도 선생님, 일반인 들에 이르기까지 꼭 필요한 책이 될 것이라고 확신합니다.

이 책은 톨 페인팅을 처음 시작하는 초보자일지라도 아주 쉽게 배울 수 있도록 구성되어 있습니다. 작품에 필요한 재료와 도구는 물론 사용 물감까지 꼼꼼하게 명시되어 있습니다. 또한 작품을 만드는 과정이 사진과 함께 그대로 담겨 있어 초보자들이 보기에 부족함이 없는 책입니다. 또한 중간중간 들어가 있는 'Reference' 와 'Tip' 을 통해 본문에서 미처 언급하지 못한 내용도 알기 쉽게 정리되어 있습니다.

톨 페인팅은 여러 나라에서 그 민족만의 감성으로 발전해 온 아주 오랜 전통이 있는 공예의 한 분야입니다. 현대에 들어 캐릭터 일러스트와 접목되어 작은 문구에서 생활 소품, 가구, 리폼에 이르기까지 다양하게 활용되고 있으며 그 발전 가능성 또한 매우 큽니다.

항상 연구하고 도전하는 조미선 선생님의 열정에 박수를 보내며 경쟁력 있는 POP 관련서의 출간을 축하합니다.

한국예쁜손글씨POP협회 회장 함초샘 장대식

10여 년간 POP 작업에 몰두하여 공방을 운영하고 강의를 해 오면서 보다 경쟁력 있는 POP 작품을 제작하기 위해 일러스트를 손수 그려 왔습니다. 그다지 효율적이지는 않았지만 전공을 살리는 작업이었으므로 그 이상의 만족감을 느낄 수 있었습니다. 그러던 중 종이가 아닌 나무나 그 외의 재질 등에 일러스트를 그리면 어떨까 하는 생각이 들었습니다.

바로 그때 톨 페인팅이라는 세계가 보였습니다. 당시만 해도 방문 패, 액자 등의 작은 소품 오너먼트가 대부분이었지만 공방을 지나다가 보고 들르는 손님들이 꽤 많았습니다. 특히 나무에 아크릴 물감을 사용하여 만든 오픈·클로우즈드 문패는 실용적이고 예뻐서 폭발적인 인기를 얻었습니다.

하지만 작업을 하다 보면 항상 부족한 부분이 생겼습니다. 그런 부분은 외국 서적을 뒤지고, DIY 가구전, 전시회 등을 따라다니며 배워 나갔습니다. 그리고 수강생들을 가르치면서 많은 노하우가 생겼습니다. 지금까지 보고 배운 것들과 가르침을 통해 얻은 것들을 이 책을 통해 여러분들과 함께 나누고자 합니다.

톨 페인팅 하면 그림을 잘 그리는 사람만 할 수 있는 공예 분야가 아닌가 하고 생각하는 분들도 있습니다. 하지만 톨 페인팅의 그림은 단순한 그림에서 시작됩니다. 스케치만 놓고 보면 초등학생도 그릴 수 있는 것들이 많습니다. 여기에 라인을 더하고, 붓에 블렌딩하여 셰이딩하고, 하이라이트를 주다 보면 어디에 내놓아도 손색없는 멋진 작품이 완성됩니다. 교육을 해 보면 특별히 미술 전공자가 아니어도 1일 차 기본 실습과 작업을 통해 2일 차에는 한 작품을 완성할 수 있습니다. 여기에 색에 대한 경험을 더하면 톨 페인팅의 전문가가 될 수도 있습니다.

톨 페인팅의 가장 큰 매력은 나무 향입니다. 작업 내내 숲 속에 있는 듯한 느낌을 받을 수 있습니다. 이 책을 읽고 있는 여러분들께 그 매력을 전합니다.

2013년 10월 여울샘 조미선

Contents

CHAPTER 3. Intermediate Level(중급 과정) – 소품 톨 페인팅

Contents

CHAPTER 4. High Level(상급 과정) – 가구 톨 페인팅

CHAPTER 5. Utilizing Reform(리폼 활용)

CHAPTER 6. Appendix(부록)

CHAPTER 1. --

이론 — 톨 페인팅의 이해와 기본 스킬

   톨 페인팅이란?

톨 페인팅(tole painting)의 tole은 프랑스 어에서 온 말로, 영어로는 tin, 즉 주석을 의미합니다. 톨 페인팅이란 주석에 그림을 그리는 것을 뜻합니다.

16~17세기경 유럽의 귀족들은 함석으로 만든 주방용품이나 가구 등에 그림을 그려 넣은 생활용품을 사용하였습니다. 이러한 것이 서민층으로 퍼졌고, 그들은 민화풍이나 목가풍의 그림을 오래된 가구나 장식 소품에 그리기 시작하였습니다.

처음에는 톨 페인팅의 소재로 주석이 쓰였지만 점차 직물, 목재 등도 쓰이면서 다양해졌습니다. 또한 여러 나라에서 자기 나라만의 고유한 스타일로 발전되어 포크 아트, 컨트리 우드, 데코레이티브 페인팅 등 다양한 명칭으로 불리고 있습니다.

이 책에서 소개하는 톨 페인팅의 소재는 요즘 유행하는 DIY용 원목 소품과 가구에 집중하였습니다. 또한 그림은 컨트리풍의 캐릭터 중심으로 다루어 좀 더 실용적인 생활 공예의 범주에서 다가갈 수 있도록 하였습니다.

앞에서 언급하였듯이 톨 페인팅의 소재는 점차 다양해지고 있습니다. 여러분도 원목 이외의 다양한 소재를 활용하기 바랍니다.

반제 디자인 및 작품 원제작처 : 컨츄리우드

Part 2. 톨 페인팅의 활용 및 비전

1. 방과후학교 수업

최근 톨 페인팅은 방과후학교 수업이나 특기 적성 교육에서 인기 과목으로 떠오르고 있습니다. 주로 MDF 소재의 오너먼트를 사용하는데, 오너먼트 위에는 레이저 불박 그림이 새겨져 있습니다.

2. 주말 체험 학습

주 5일제 수업으로 학생들은 여가 활동을 할 수 있는 시간이 늘었습니다. 가족들과 함께 참여하는 주말 체험 학습을 통해 간단한 소품 등을 짧은 시간 내에 완성할 수 있습니다.(행사장, 공방 등)

3. 평생 교육원 및 문화 센터 강의

국비가 지원되는 유아 교구 개발자 교육이 있으며, 자녀를 둔 부모님들은 기본 소품 제작부터 가구 제작에 이르기까지 보다 전문화된 수업을 받을 수 있습니다.

4. 개인 작업실 수업

개인 공방 창업을 희망하는 사람이나 취미 활동을 하는 사람 등을 대상으로 전문적인 수업을 진행하는 과정입니다. 간단한 소품부터 실내 인테리어 용품까지 다양하게 만들 수 있습니다.

5. 온라인 및 오프라인 판매

주문 제작 가구, 유치원 교구, 일반 소품 등을 판매할 수 있습니다.

 톨 페인팅에 필요한 도구 및 재료

평붓

오너먼트나 반제의 좁은 면 또는 넓은 면 등을 칠할 때 사용합니다. 주로 1~5호 붓을 사용합니다.

둥근붓

부드러운 선이나 섬세한 부분을 표현할 때 사용합니다. 주로 1~5호 붓을 사용합니다.

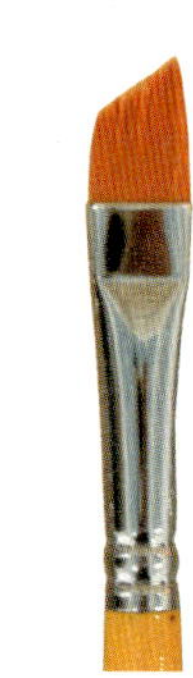

앵글붓(사선붓)

보통 1~5호 붓을 사용하고 블렌딩하여 셰이딩, 하이라이트를 표현할 때 주로 사용합니다.

세필붓

라인을 그릴 때 또는 섬세한 곳을 표현할 때 사용합니다.

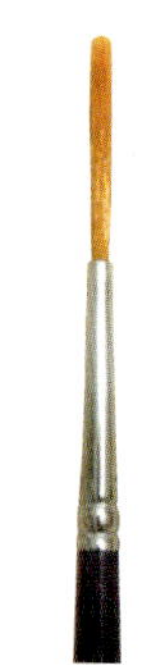

라이너붓

라인, 흐르거나 말리는 선을 표현할 때 사용합니다.

스텐실붓

볼 터치나 하이라이트를 표현할 때 사용합니다.

콤붓

붓 끝이 뾰족하며 동물의 털이나 캔버스의 느낌을 표현할 때 사용합니다.

팬붓

이미 칠한 색을 섞어 그러데이션 효과를 줄 때 사용합니다.

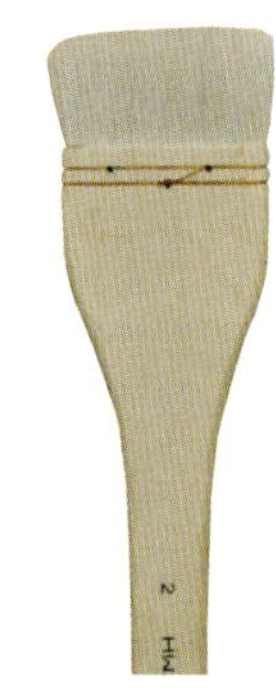

백붓

가구와 같이 면적이 넓은 곳을 칠할 때 사용합니다.

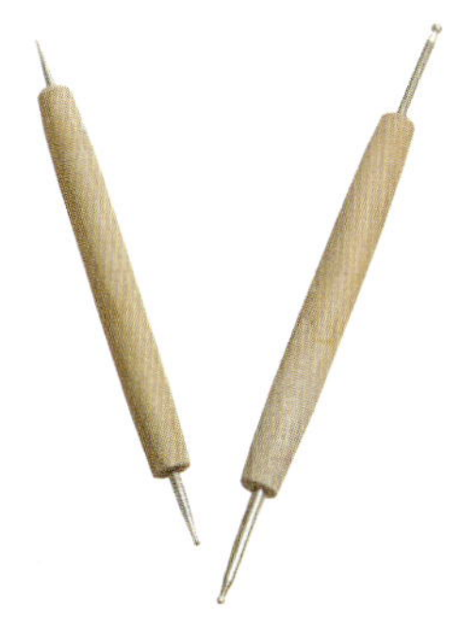

도트펜

동그란 모양을 일정하게 찍을 때 사용
하며 눈이나 하트 모양의 도트 무늬를
찍을 때 사용합니다.

먹지 및 트레이싱 페이퍼

먹지는 도안을 옮겨 그릴 때 트레이싱
페이퍼 아래에 대고 사용하고 트레이
싱 페이퍼는 밑그림을 옮겨 그릴 때 사
용합니다.

색연필

밑칠이 되어 있는 곳에 밑그림을 그릴
때 사용합니다.

아크릴 물감

모든 작업에 사용하는 기본 물감입니다.

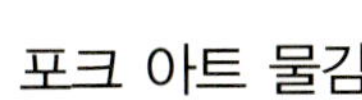

제스우드 물감

포크 아트 물감

매트 바니쉬

채색이 끝난 뒤 바르는 도료로, 표면을 코팅하는 역할을 합니다.

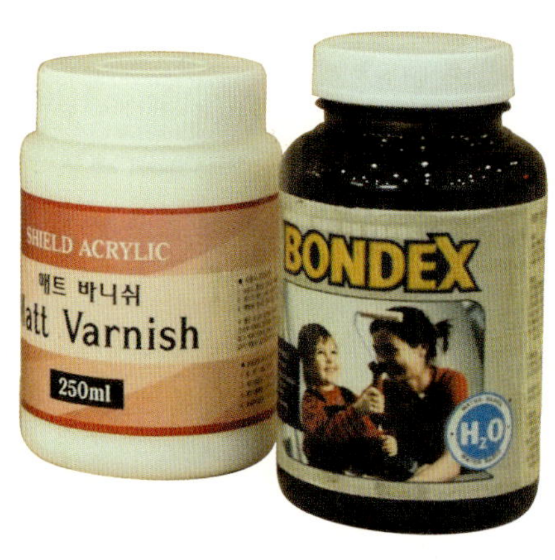

우드스테인

착색 효과를 높이기 위해 물감 대용으로 사용합니다.

워싱 페인트

가볍게 닦아 낸 듯 자연스러운 나뭇결이 보이는 페인트입니다.

초(백랍)

빈티지 효과를 낼 때 사용합니다.

페이퍼 팔레트

일회용 팔레트로 작업 후 간편하게 정리할 수 있습니다.

목공 풀

나무로 된 오너먼트를 붙이기에 가장 좋은 재료입니다.

사포

밑 색을 칠하기 전이나 빈티지 효과를 줄 때 사용합니다. 220C 샌드페이퍼를 주로 사용하는데, 전동 샌더나 핸드 샌더가
미치지 않는 섬세한 부분까지 작업할 수 있습니다.

전동 샌더

큰 가구를 샌딩할 때 좋습니다.

핸드 샌더

일반 샌드페이퍼를 끼워 사용하며, 중
간 크기의 가구를 샌딩할 때 좋습니다.

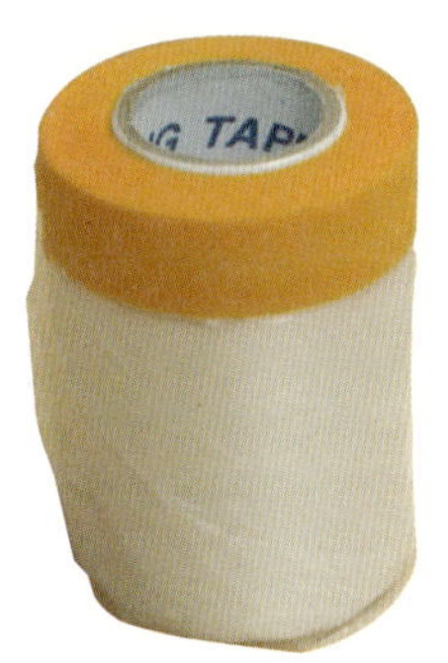

비닐 커버링

큰 가구를 채색할 때 이염을 방지하기 위해 사용합니
다. 페인트 가게에 가면 쉽게 구입할 수 있습니다.

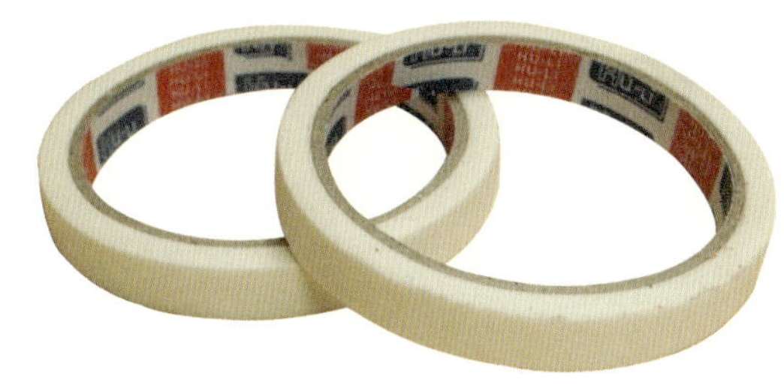

종이테이프

채색 시 이염을 방지하기 위해 사용합니다.

1. 명도

2. 채도

3. 색의 느낌

부드러운 느낌의 색

4. 색의 원근감

배경이 어두우면 밝은색이 가까워 보입니다.

배경이 밝으면 어두운색이 가까워 보입니다.

5. 보색 · 배색 대비

* 위의 색은 도서 제작의 특성상 정확한 색이 아닐 수 있습니다.

조색은 색과 색을 혼합하여 원하는 색을 만드는 것을 말합니다. 원하는 색을 만들기 위해서는 색에 대한 기본 지식과 오랜 경험이 필요합니다. 나무에 그림을 그리는 톨 페인팅에서 조색은 매우 중요합니다. 여기에서는 평소에 자주 사용하는 색과 1:1 비율의 기본 혼합색을 만들어 참고할 수 있도록 하였습니다.

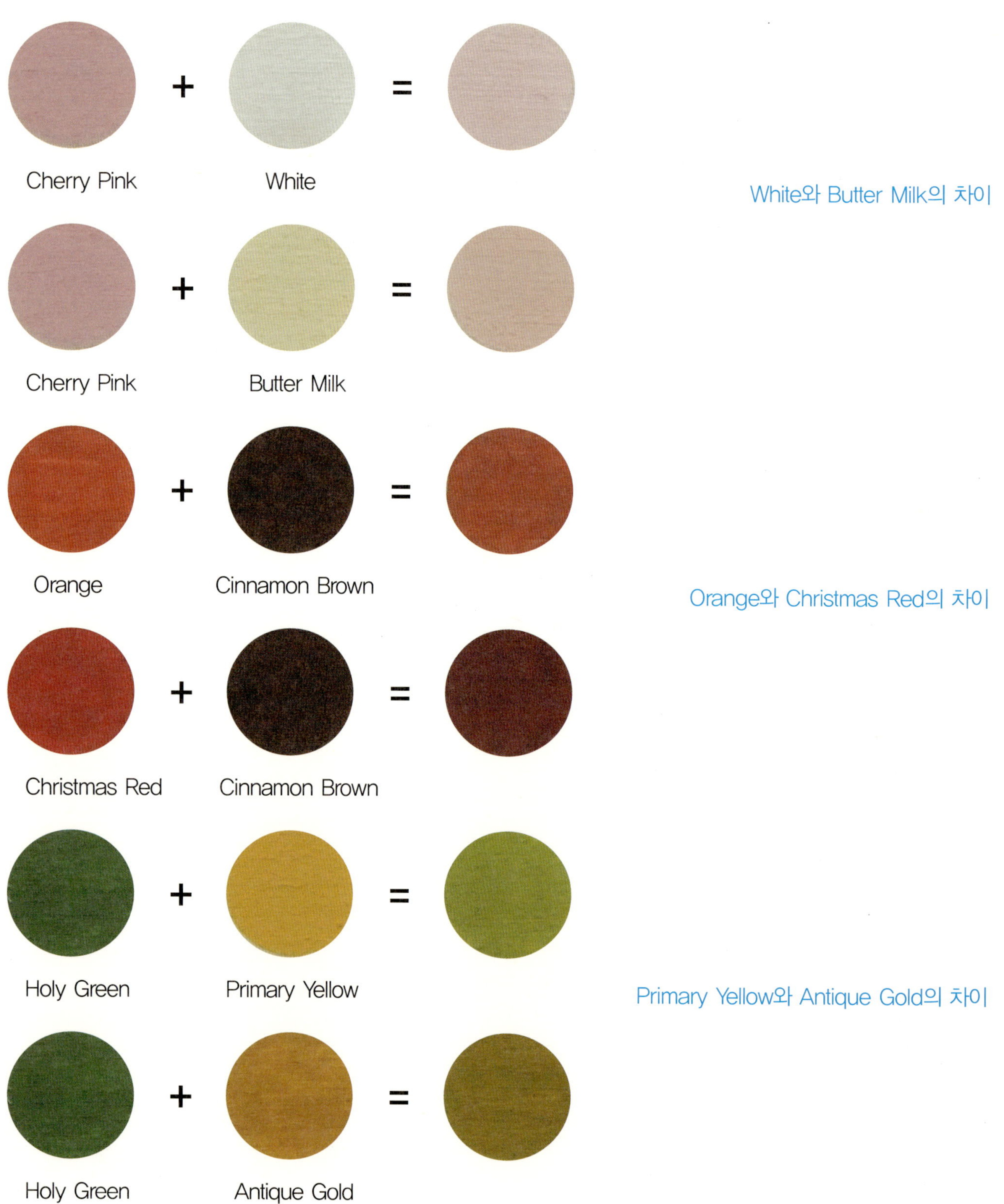

White와 Butter Milk의 차이

Orange와 Christmas Red의 차이

Primary Yellow와 Antique Gold의 차이

Part 5. 톨 페인팅 기본 스케치 따라 그리기

1. 남아 캐릭터

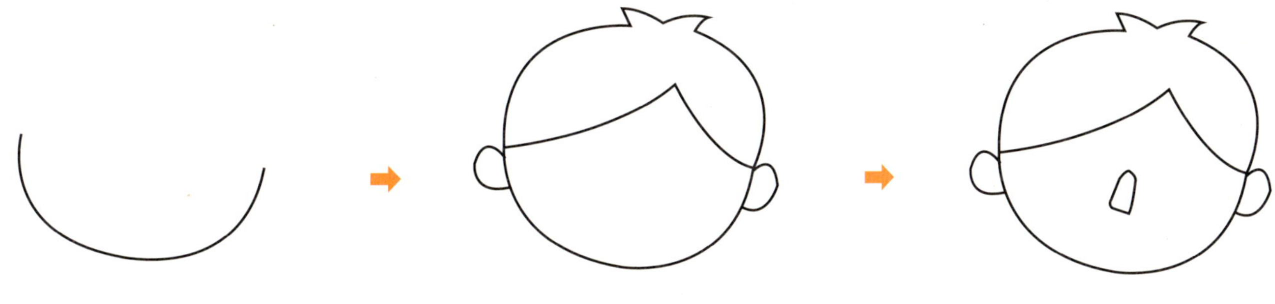

2. 여아 캐릭터

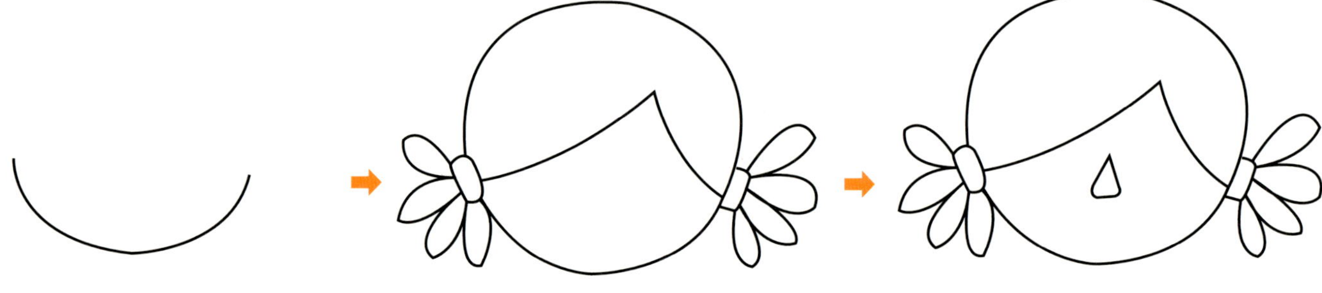

1. 반 타원으로 얼굴 아래쪽을 그립니다.

2. 갈래머리로 표현합니다.

3. 작은 삼각형 코를 그립니다.

4. 눈과 입을 그리고 파마의 느낌을 표현합니다.

3. 토끼 캐릭터

1. 얼굴과 귀 전체를 그립니다.

2. 역삼각형 코를 그립니다.

3. 코에서 시작되는 선으로 입을 그립니다.

4. 눈을 그리고 입꼬리를 하트로 꾸밉니다.

4. 고양이 캐릭터

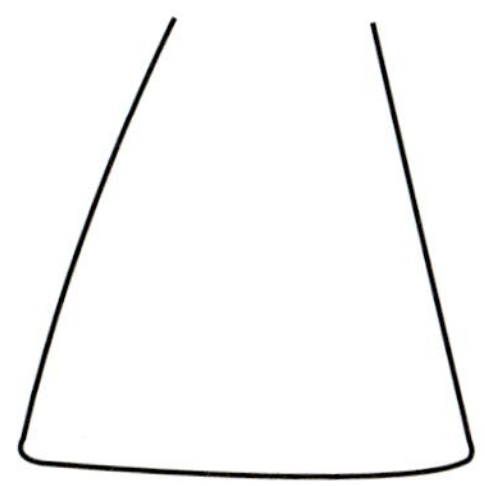

1. 위쪽이 벌어진 삼각형을 그 립니다.

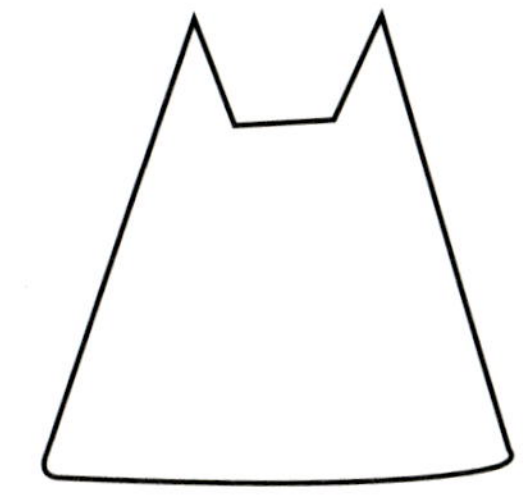

2. 삼각형 위쪽을 연결하여 뾰 족한 귀를 표현합니다.

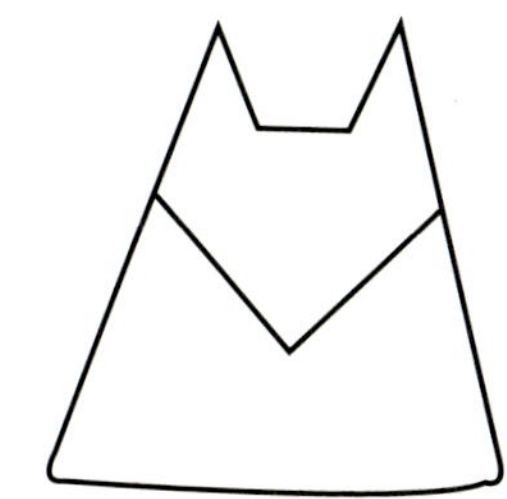

3. 골격을 표현하는 선을 그립 니다.

4. 눈, 코, 수염을 그립니다.

5. 호박

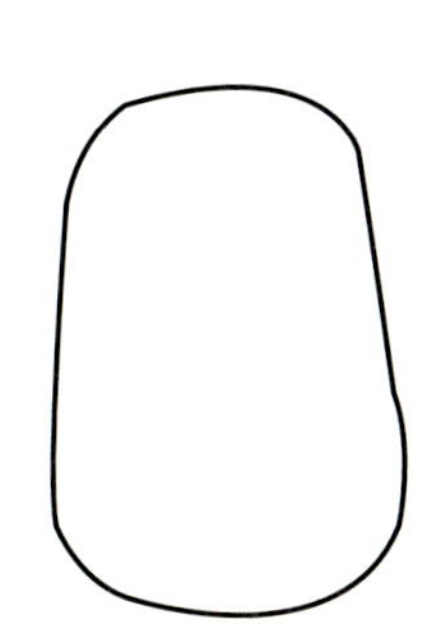

1. 호박 가운데 부분을 먼저 그립니다.

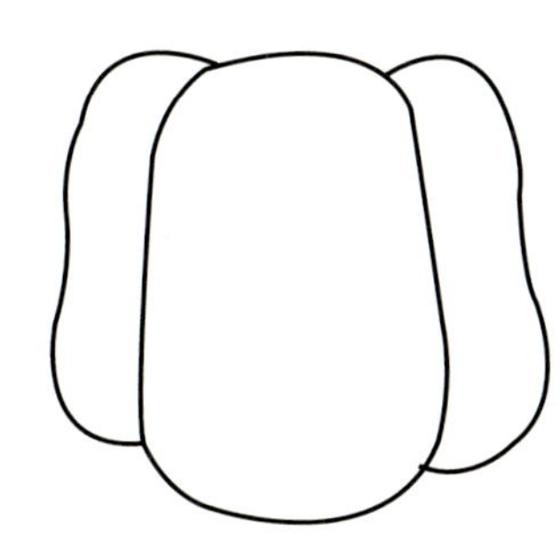

2. 돌아가는 형태의 호박 면을 양쪽에 그립니다.

3. 호박 꼭지를 그립니다.

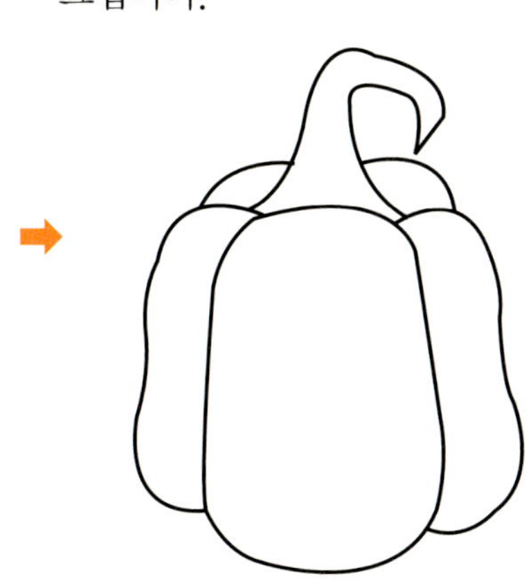

4. 호박 뒤쪽을 그립니다.

6. 벌 그리기

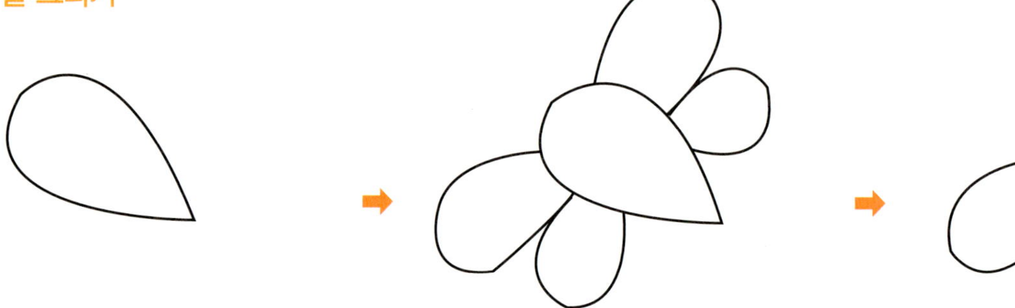

1. 몸통을 물방울 모양으로 그립니다.

2. 앞날개는 크게 뒷날개는 작게 양쪽에 그립니다.

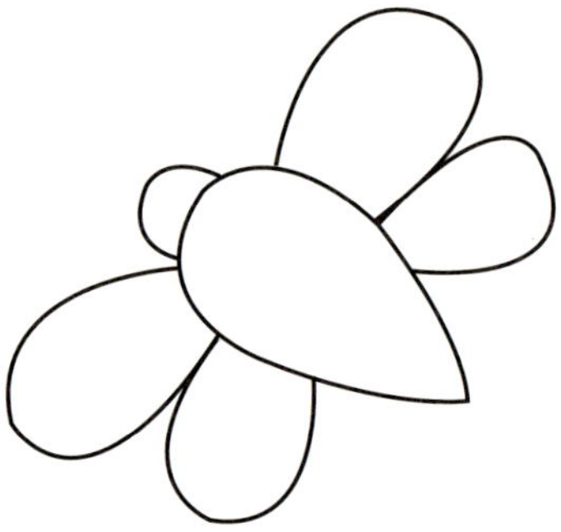

3. 머리를 작게 그립니다.

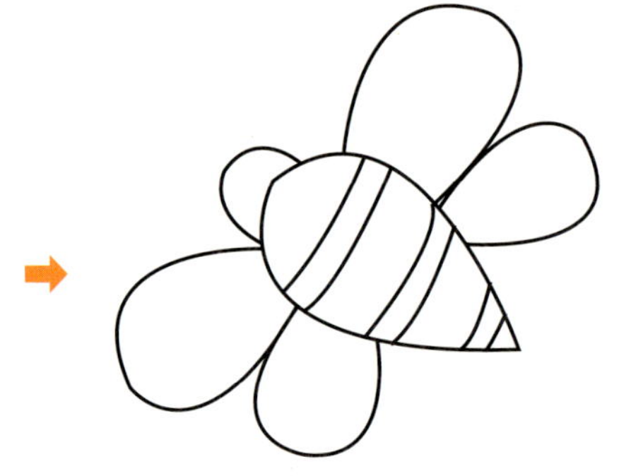

4. 몸통 무늬를 그립니다.

7. 하트

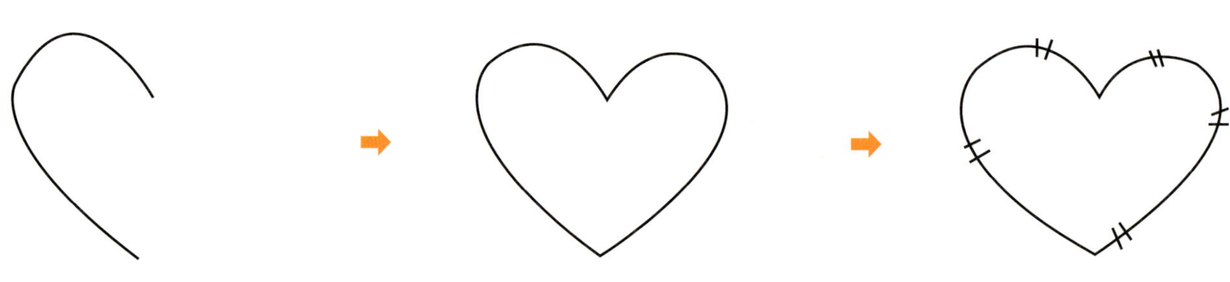

1. 가운데에서 좌측 상단으로 올라갔다가 우측 하단으로 내려오는 선을 그립니다.

2. 가운데에서 우측 상단으로 올라갔다가 좌측 하단으로 내려오는 선을 그립니다.

3. 하트를 장식하는 선을 그립니다.

8. 리본

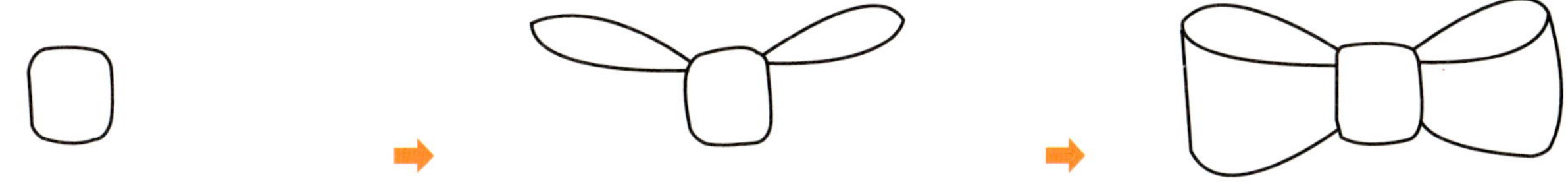

1. 가운데 매듭 부분을 사각형으로 그립니다.

2. 위쪽에서 본 듯한 입체 형태를 긴 원형으로 그립니다.

3. 원형 끝쪽에서 가운데 사각형으로 연결하는 선을 그립니다.

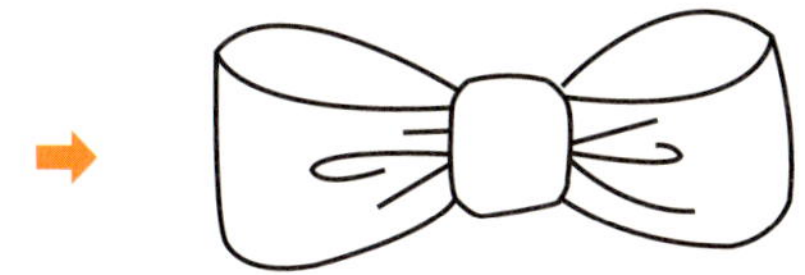

4. 리본 주름을 표현하는 선을 그립니다.

9. 양

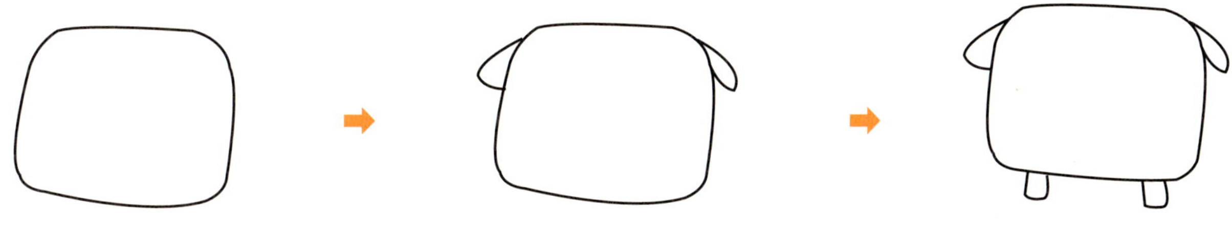

1. 각이 둥근 사각형을 약간 비스듬하게 그립니다.

2. 얼굴은 작은 삼각형처럼 그리고 꼬리는 짧게 그립니다.

3. 몸 아래쪽에 연결된 작은 사각형 다리를 그립니다.

 톨 페인팅 기본 채색 용어 해설

톨 페인팅에서 사용되는 용어를 익혀 놓으면 좀 더 쉽게 배울 수 있습니다. 여기에서는 일반적으로 많이 사용되는 용어를
위주로 설명하였습니다.

샌딩 : 물감의 접착력을 높이고 반제를 매끄럽게 다듬기 위하여 사포로 문지르는 것을 말합니다.

베이스 : 밑그림의 밑칠을 말합니다

셰이딩 : 앵글붓 한쪽 면에만 물감을 묻혀 자연스럽게 편 후 어두운 부분을 표현하는 방법입니다.

하이라이트 : 모티프의 밝은 부분을 표현할 때 흰색이나 가장 밝은 색으로 표현하는 방법입니다.

더블 로딩 : 붓으로 한 번 칠하고 마른 후 겹쳐 칠하는 기법입니다. 톨 페인팅에서는 체크무늬를 많이 사용합니다.

드라이 브러쉬 : 물감을 조금 묻혀 자연스럽게 색을 넣는 방법입니다.

워시 : 물 또는 미디엄을 사용하여 수채화처럼 보이도록 그리는 방법입니다.

앤티크 : 작품을 오래된 것처럼 보이도록 그리는 기법입니다.

스티플 : 스텐실붓 등에 물감을 조금 묻힌 후 가볍게 쳐서 색을 표현하는 방법입니다.

블렌딩 : 명암을 표현하기 위해 붓으로 그러데이션 효과를 주는 방법입니다.

스파터링 : 팬붓, 평붓, 거친 붓, 칫솔 등에 물감을 묻힌 후 다른 붓이나 도구로 톡톡 쳐서 물감을 떨어뜨려 표현하는 방법
          입니다.

스펀징 : 해면 스펀지 등을 이용하여 가볍게 두들기거나 눌러 찍는 방법입니다.

스크롤 : 주로 라이너붓으로 말리거나 흐르는 자연스러운 선을 그리는 방법입니다.

각종 채색

기본 채색만 했을때, 라인을 넣었을 때, 셰이딩 효과를 주었을 때 각각 다른 느낌이 납니다.

Part 7. 톨 페인팅에 꼭 필요한 단골 목공방 탐방기

톨 페인팅 작업을 위해서는 DIY용 소품 및 가구 제작을 전문으로 하는 목공방을 단골로 두는 것이 좋습니다. 아래에 소개한 우리동네목공방처럼 최근에는 온라인 및 오프라인을 통해 주문 제작해 주는 목공방이 늘어나고 있습니다. 가격, 주문 생산 가능 여부, 기타 공예용 소품 개발이 이루어지는지를 꼼꼼히 따져서 내게 맞는 목공방을 선택하는 것이 좋습니다.

보통 주문형 수제 가구는 무조건 비쌀 것이라고 생각합니다. 하지만 우리동네목공방은 저렴하며 문턱이 아주 낮은 목공방입니다. 톨 페인팅, 냅킨 아트, 포크 아트를 이용한 소품부터 유치원 교구, 가구에 이르기까지 다양한 제품들을 제작할 수 있습니다. 친절한 상담을 통해 공방 선생님들이 직접 디자인한 작품을 만들어 주기도 합니다.

우리동네목공방(대표 : 이요섭) 경기도 부천시 오정구 원종동 253-7 | Web. cafe.naver.com/ggumjangi
Office. 032-683-2230 | C.P. 010-9763-2230 | Email. yslee2@naver.com

기초 과정 — 방과후지도 교육 자료

Lesson 1. 바늘꽂이

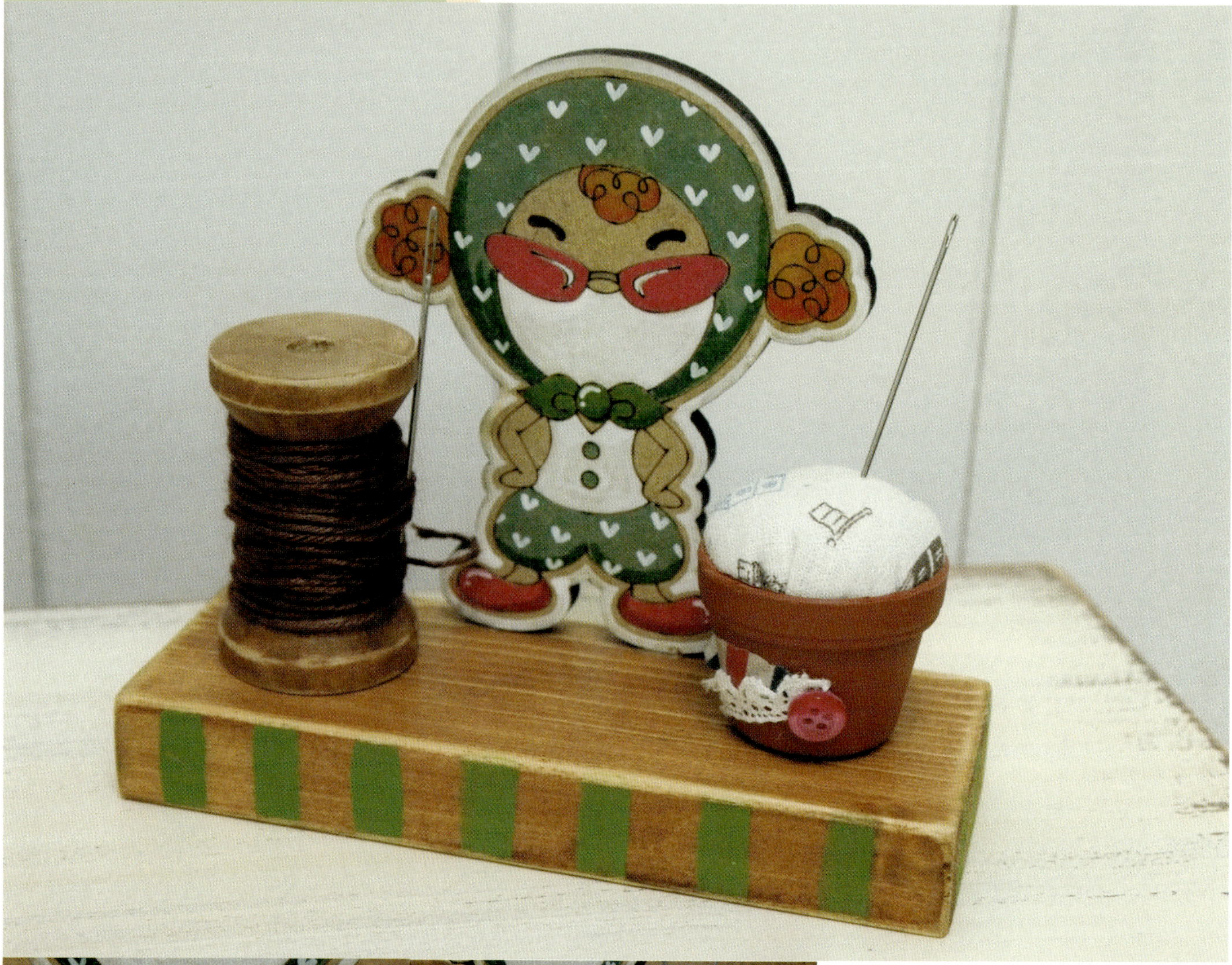

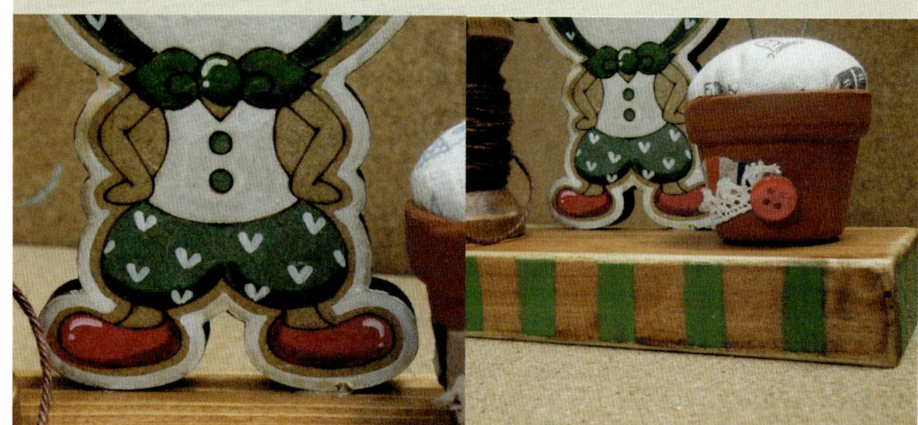

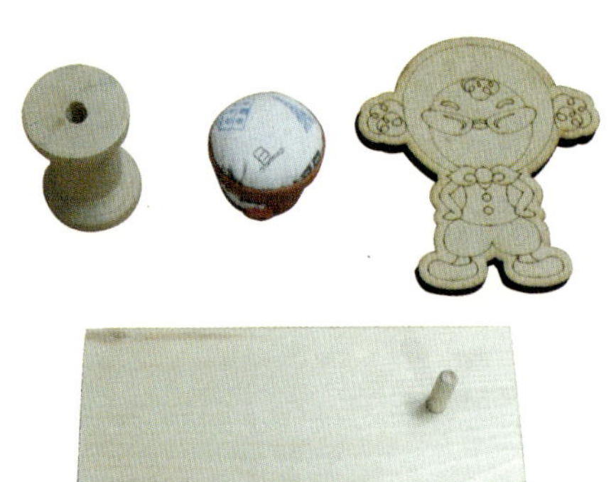

반제 구입처 : www.필아트.kr

재료 및 도구 : 220C 샌드페이퍼, 평붓, 세필붓, 바니쉬, 글루건

사용 물감 : 우드스테인 – Chocolate Chip ●, 아크릴 물감 – White ●, Leaf Green ●, 마커펜 – Vivid Pink ●, Melon Yellow ●, Orange ●, Vivid Green ●, Viridian ●, Pastel Blue ●, Light Violet ●, Black ●, Warm Grey ●

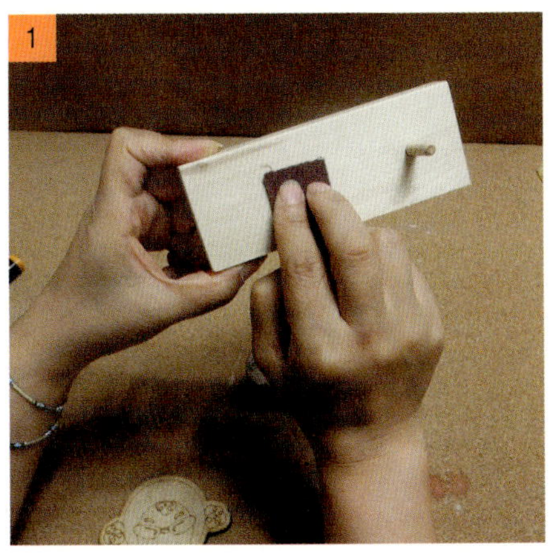

01. 바늘꽂이 반제를 220C 샌드페이퍼로 샌딩합니다.

02. 평붓에 우드스테인 Chocolate Chip을 묻혀 바닥판의 측면부터 칠합니다.

03. 바닥판의 윗면을 나뭇결 방향으로 칠합니다.

04. 평붓에 우드스테인 Chocolate Chip을 묻혀 실패 반제를 칠합니다.

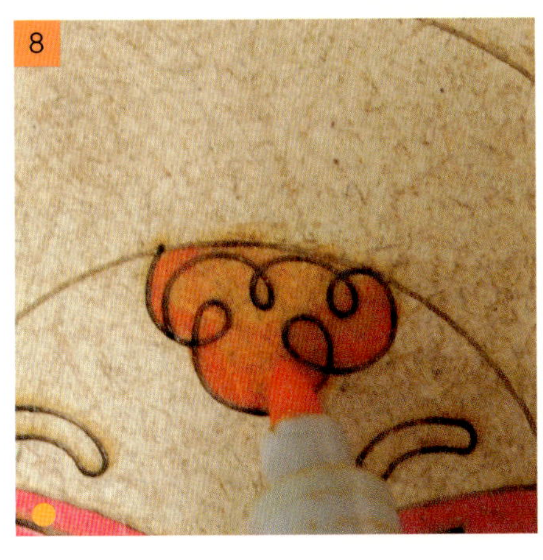

05. Vivid Pink 마커펜으로 선글라스 알을 칠합니다.

06. Melon Yellow 마커펜으로 머리카락을 칠합니다.

07. Orange 마커펜으로 머리카락에 음영 효과를 줍니다.

08. Melon Yellow 마커펜으로 06에서 칠한 색과 07에서 칠한 색 사이를 굴리듯 칠하여 자연스러운 그러데이션 효과를 줍니다.

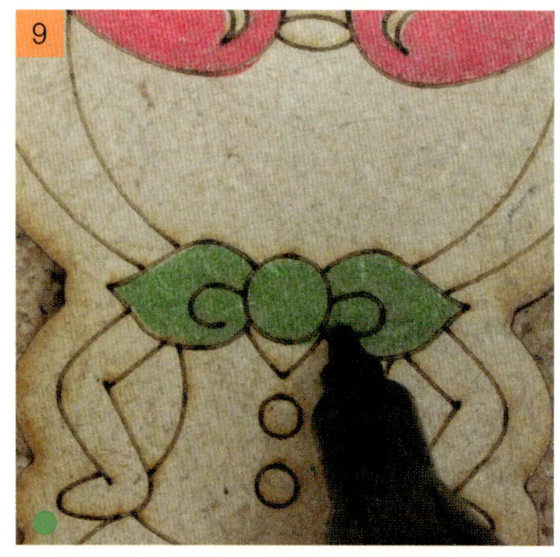

09. Vivid Green 마커펜으로 스카프 매듭을 칠합니다.

10. Viridian 마커펜으로 스카프 매듭에 선을 그어 음영 효과를 줍니다.

11. Pastel Blue 마커펜으로 머리를 감싼 스카프 부분을 칠합니다.

12. Viridian 마커펜으로 스카프 아래쪽에 음영 효과를 줍니다.

13. Pastel Blue 마커펜으로 바지를 칠합니다.

14. Viridian 마커펜으로 바지 아래쪽에 음영 효과를 줍니다.

15. Vivid Pink 마커펜으로 신발을 칠합니다.

16. Light Violet 마커펜으로 신발 아래쪽에 음영 효과를 줍니다.

17. Black 마커펜으로 눈썹을 칠합니다.

18. Warm Grey 마커펜으로 선글라스 브리지를 칠합니다.

19. 세필붓에 아크릴 물감 White를 묻혀 안경의 하이라이트 부분을 칠합니다.

20. 세필붓에 아크릴 물감 White를 묻혀 마스크와 조끼를 칠합니다.

21. 세필붓에 아크릴 물감 White를 묻혀 스카프에 하트 패턴을 그립니다. 하트를 그리기 위해서 먼저 세필붓을 왼쪽 위에서 오른쪽 아래로 눌렀다 떼듯이 그립니다.

22. 세필붓을 오른쪽 위에서 왼쪽 아래로 눌렀다 떼듯이 그립니다. 반대편 사선과 아래쪽 중앙에서 만나도록 하는 것이 포인트입니다.

23. 세필붓에 아크릴 물감 White를 묻혀 스카프 매듭에 하이라이트를 줍니다.

24. 신발 앞쪽에도 하이라이트를 줍니다.

25. Pastel Blue 마커펜으로 단추를 칠합니다.

26. 아크릴 물감 White로 반제의 전체 외곽에 테두리를 그립니다.

27. 평붓 2호에 아크릴 물감 Leaf Green을 묻힌 뒤 실패 받침대 측면에 줄을 그어 장식합니다.

28. 실패 받침대 모서리 부분을 220C 샌드페이퍼로 샌딩하여 빈티지한 느낌을 줍니다.

29. 실패 받침대 윗면을 220C 샌드페이퍼로 가볍게 샌딩하여 나뭇결 느낌을 살립니다.

30. 실패의 각진 곳을 가볍게 샌딩하여 나무 색이 나오도록 합니다.

31. 평붓에 바니쉬를 묻혀 받침대에 펴 바릅니다.

32. 평붓에 바니쉬를 묻혀 팬시 우드 오너먼트에 펴 바릅니다.

33. 바늘꽂이 화분 소품 밑면에 글루건을 쏘아 실패 받침대 위에 붙입니다.

34. 팬시 우드 오너먼트 바닥에 글루건을 쏩니다

35. 팬시 우드 오너먼트를 실패 받침대 중앙에 붙입니다.

반제 구입처 : www.필아트.kr

재료 및 도구 : 220C 샌드페이퍼, 평붓, 둥근붓, 세필붓, 바니쉬, 도트펜, 글루건(목공풀)

사용 물감 : 우드스테인 – Chocolate Chip ●, 아크릴 물감 – White ○, Christmas Red ●, Leaf Green ●, 마커펜 – Natural Oak ●, Baby Blue ●, Lemon Yellow ●, Melon Yellow ●, Deep Olive Green ●, Cherry Pink ●, Warm Grey ●, Blue Grey ●, Black ●, Vivid Green ●, Viridian ●, Orange ●

01. 220C 샌드페이퍼로 전체 면을 돌려 가며 샌딩합니다.

02. 평붓에 우드스테인 Chocolate Chip을 묻혀 명함꽂이 몸체를 칠합니다.

03. Natural Oak 마커펜으로 머리카락의 외곽선을 따라 그립니다.

04. 머리카락을 꼼꼼하게 칠합니다.

05. Natural Oak 마커펜으로 겹쳐 칠하여 머리에 웨이브 효과를 줍니다.

06. Baby Blue 마커펜으로 멜빵바지를 그린 후 색칠합니다.

07. Lemon Yellow 마커펜으로 멜빵바지의 어깨끈을 칠합니다.

08. Melon Yellow 마커펜으로 멜빵바지의 앞주머니를 칠합니다.

 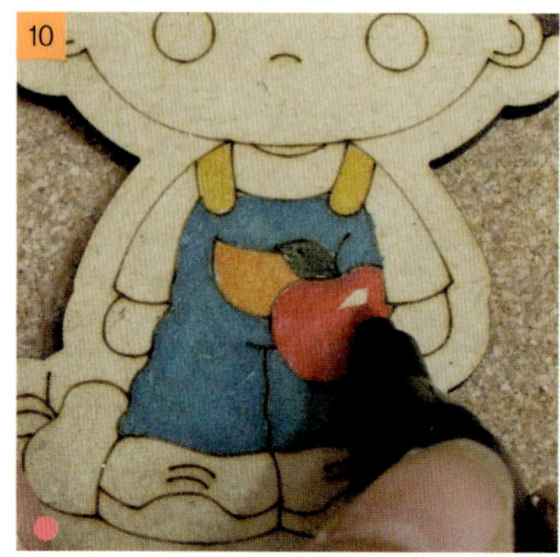 

09. Deep Olive Green 마커펜으로 사과 잎을 칠합니다.

10. Cherry Pink 마커펜으로 사과를 칠합니다.

11. Natural Oak 마커펜으로 신발 윗면을 칠합니다.

12. Warm Grey 마커펜으로 신발 옆면 밑창 부분을 칠합니다.

13. Blue Grey 마커펜으로 세로줄을 그어 고무 골을 표현합니다.

14. Blue Grey 마커펜으로 한 번 더 겹쳐 그어 입체적으로 표현합니다.

15. Black 마커펜으로 눈의 외곽선을 그린 뒤 색을 칠합니다.

16. 둥근붓에 아크릴 물감 White를 묻힌 뒤 흰자위를 표현합니다.

17. 둥근붓에 아크릴 물감 White를 묻힌 뒤 눈빛을 표현합니다.

18. 둥근붓에 아크릴 물감 White를 묻힌 뒤 상의를 칠합니다.

19. 둥근붓에 아크릴 물감 White를 묻힌 뒤 사과의 하이라이트를 표현합니다.

20. Christmas Red에 물을 섞어 옅은 색을 만듭니다.

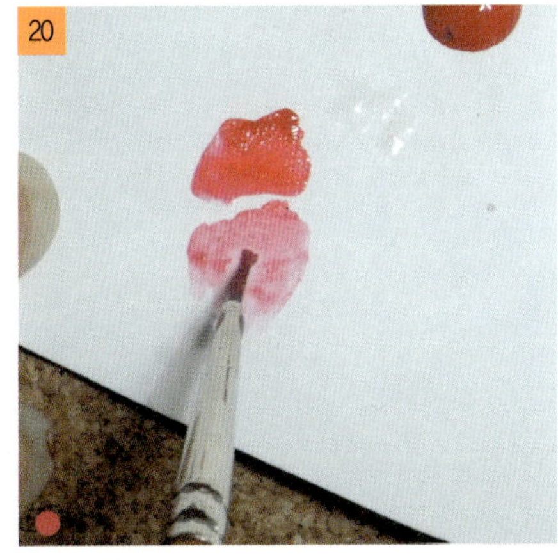

21. 소년의 볼에 둥근 볼 터치를 그립니다.

22. 물기가 약간 있는 둥근붓으로 볼을 문지르듯 칠하여 그러데이션 효과를 줍니다.

23. 세필붓에 White 물감을 묻힌 뒤 볼 터치 위에 하트 무늬를 그립니다.

24. 여아 상의를 Melon Yellow 마커펜으로 칠한 뒤 여아 치마를 Vivid Green 마커펜으로 칠합니다.

25. Viridian 마커펜으로 세로선을 그어 치마의 주름을 표현합니다.

26. Cherry Pink 마커펜으로 양말의 해당 부분을 칠하고 Natural Oak 마커펜으로 신발을 칠합니다.

27. Cherry Pink 마커펜으로 사과를 칠하고 Vivid Green 마커펜으로 사과 잎을 칠합니다.

28. Orange 마커펜으로 여아 머리카락을 칠하고 Black 마커펜으로 눈동자를 칠합니다.

29. White로 여아 머리띠를 칠합니다.

30. 여아 윗옷의 칼라, 양말, 운동화의 밑창 부분을 White 물감으로 칠합니다.

31. Natural Oak 마커펜으로 머리카락 느낌이 나도록 합니다.

32. 도트펜에 Leaf Green을 묻혀 머리띠와 상의에 도트 무늬를 넣습니다.

33. 도트펜에 White를 묻힌 뒤 검은색 눈동자 위에 하이라이트를 표현하고 둥근붓에 White를 묻힌 뒤 흰자를 표현합니다.

34. White로 사과의 하이라이트를 표현합니다.

35. Christmas Red에 물을 많이 섞어 연하게 볼 터치를 그린 후 붓에 물기가 있는 상태에서 볼 터치 주위를 문지르듯 그러데이션 효과를 줍니다.

36. 볼 터치 위에 White로 하트를 그려 장식합니다.

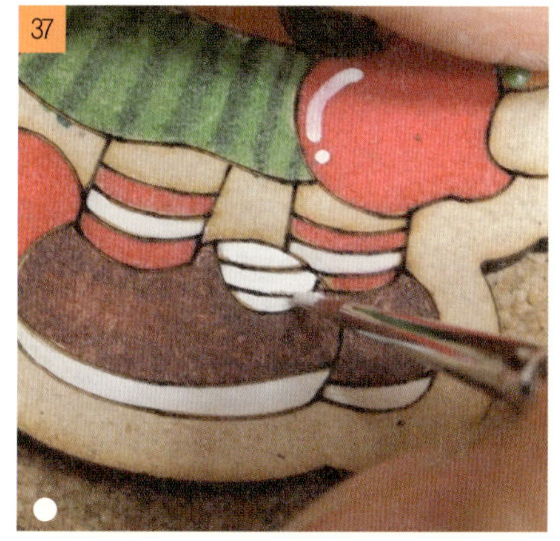

37. 신발 상단의 시접 부분 고무줄 위치에 White를 칠합니다.

38. 220C 샌드페이퍼로 명함꽂이 받침을 나뭇결 느낌이 날 정도로 가볍게 샌딩합니다.

39. 명함꽂이 받침과 우드 팬시 전체에 바니쉬를 바릅니다.

40. 글루건이나 목공 풀로 우드 팬시를 본체에 붙입니다.

반제 구입처 : www.필아트.kr

재료 및 도구 : 220C 샌드페이퍼, 평붓, 둥근붓, 도트펜, 글루건, 매트 바니쉬

사용 물감 : 우드스테인 – Chocolate Chip ●, 아크릴 물감 – White ○, Dusty Pink ●, Cherry Pink ●, Butter Milk ○, Primary Yellow ●, Christmas Red ●, 마커펜 – Vivid Green ●, Viridian ●, Melon Yellow ●, Orange ●, Pale Pink ●, Vivid Pink ●, Lemon Yellow ●, Wine Red ●, Baby Blue ●, Warm Grey ●, Black ●

  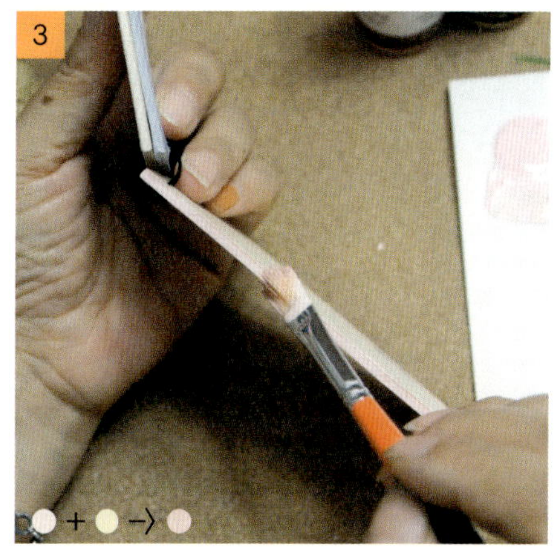

01. 나무 수첩 반제를 220C 샌드페이퍼로 샌딩합니다.

02. Cherry Pink와 Butter Milk을 섞습니다.

03. 평붓에 섞어 만든 색을 묻혀 반제 옆면부터 칠합니다.

04. 반제 앞면 중 스프링이 있는 부분은 평붓을 세워 사이사이 꼼꼼하게 칠합니다. 평붓으로 칠하기에 어려운 부분은 둥근붓으로 칠합니다.

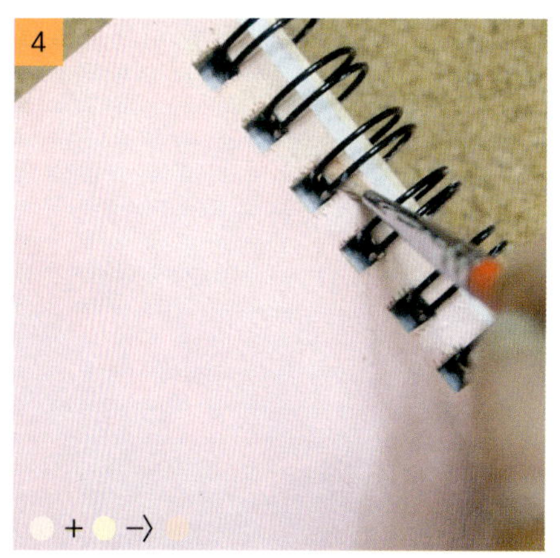

05. 둥근붓에 아크릴 물감 Dusty Pink를 묻혀 스티치를 그립니다.

06. 스프링이 있는 곳은 위와 같이 스티치를 그립니다.

07. Vivid Green 마커펜으로 고양이의 모자 위에 한 칸씩 거르며 칠합니다.

08. Viridian 마커펜으로 나머지 칸에 칠한 뒤 모자챙에도 칠합니다.

09. Melon Yellow 마커펜으로 물고기 비늘을 칠합니다.

10. Orange 마커펜으로 겹쳐 칠하여 음영 효과를 줍니다.

11. Melon Yellow로 Melon Yellow와 Orange의 경계 부분을 자연스럽게 칠하여 그러데이션 효과를 줍니다.

12. Pale Pink 마커펜으로 물고기 가운데 비늘을 칠합니다.

13. Vivid Pink 마커펜으로 끝 부분을 겹쳐 칠합니다.

14. Pale Pink 마커펜으로 두 색의 경계 부분을 자연스럽게 칠하여 그러데이션 효과를 줍니다.

15. 꼬리 부분은 Viridian 마커펜으로 겹쳐 칠합니다.

16. Pale Pink 마커펜으로 두 색의 경계 부분을 자연스럽게 칠하여 그러데이션 효과를 줍니다.

17. 물고기의 꼬리 비늘을 Orange 마커펜으로 칠합니다.

18. 물고기 머리 부분을 Lemon Yellow 마커펜으로 칠합니다.

19. Orange 마커펜으로 겹쳐 칠하여 음영 효과를 준 후 그러데이션 효과를 줍
    니다.

20. Wine Red 마커펜으로 고양이의 귀 안쪽을 칠합니다.

21. Melon Yellow 마커펜으로 귀 바깥쪽을 칠합니다.

22. Baby Blue 마커펜으로 모자의 뚫린 부분을 칠합니다.

23. Warm Grey 마커펜으로 모자의 꼭지 부분을 칠합니다.

24. Black 마커펜으로 고양이의 코를 칠합니다.

25. Black 마커펜으로 고양이의 눈을 칠합니다.

26. 둥근붓에 아크릴 물감 White를 묻혀 흰자위를 칠합니다.

27. 아크릴 물감 White로 눈동자의 하이라이트를 표현합니다.

28. 둥근붓에 아크릴 물감 White를 묻혀 모자에 스티치 무늬를 그립니다.

29. 모자의 면과 면 사이에 스티치 무늬를 그립니다.

30. 도트펜에 아크릴 물감 White를 묻혀 물고기 비늘을 장식합니다.

31. 물고기 꼬리 비늘도 도트펜으로 찍습니다.

32. Warm Grey 마커펜으로 물고기의 눈을 칠합니다.

33. 둥근붓에 아크릴 물감 White를 묻혀 물고기 눈동자의 흰자위를 칠합니다.

34. 도트펜에 아크릴 물감 White를 묻혀 수첩 앞판 여기저기에 꽃잎 다섯 개씩 찍습니다. 이때 고양이를 올려놓고 찍으면 위치를 쉽게 가늠할 수 있습니다.

35. 도트펜에 아크릴 물감 Primary Yellow를 묻혀 흰꽃 중앙에 찍어 꽃술을 표현합니다.

36. 생선 고양이 오너먼트 뒷면에 글루건을 쏩니다.

37. 생선 고양이 오너먼트를 수첩 앞판 위에 눌러 붙입니다.

38. 물을 많이 빨아들인 둥근붓에 아크릴 물감 Christmas Red를 묻혀 볼 터치를 옅게 표현합니다.

39. 붓을 깨끗이 씻은 뒤 젖은 붓으로 볼 터치를 자연스럽게 문질러 그러데이션 효과를 줍니다.

40. 모든 작업이 끝난 후 매트 바니쉬를 바릅니다

반제 구입처 : http://cafe.naver.com/47060234

재료 및 도구 : 가위, 천, 220C 샌드페이퍼, 앵글붓, 세필붓, 평붓, 스텐실붓, 도트펜, 나사고리, 목공 풀, 매트 바니쉬, 글루건, 리본, 열쇠고리, 냅킨

사용 물감 : 아크릴 물감 – Burnt Umber ●, Black ●, Butter Milk ○, Christmas Red ●, White ○, Leaf Green ●

01. 천에 가위집을 낸 뒤 손으로 자연스럽게 찢습니다.

02. 찢은 천을 리본 모양으로 매듭짓습니다.

03. 220C 샌드페이퍼로 쿠키맨 진저 반제를 샌딩합니다.

04. 쿠키맨 진저 반제 옆면을 아크릴 물감 Burnt Umber로 칠합니다.

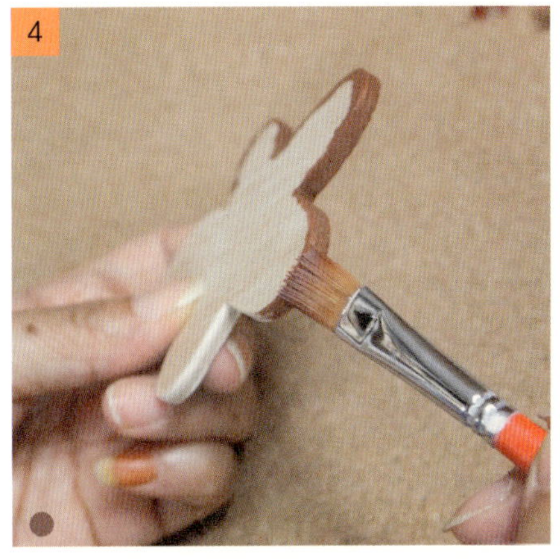

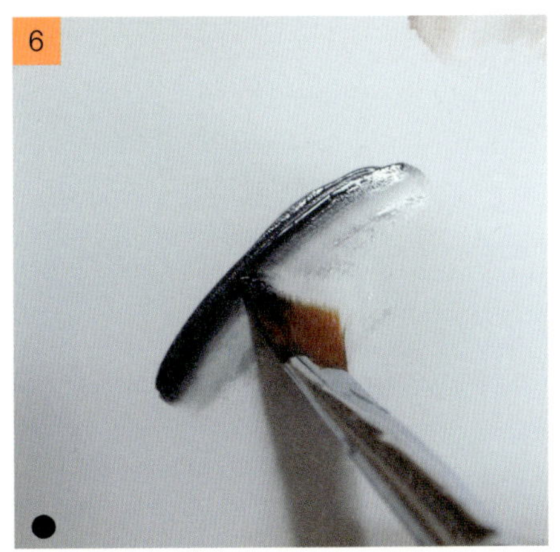

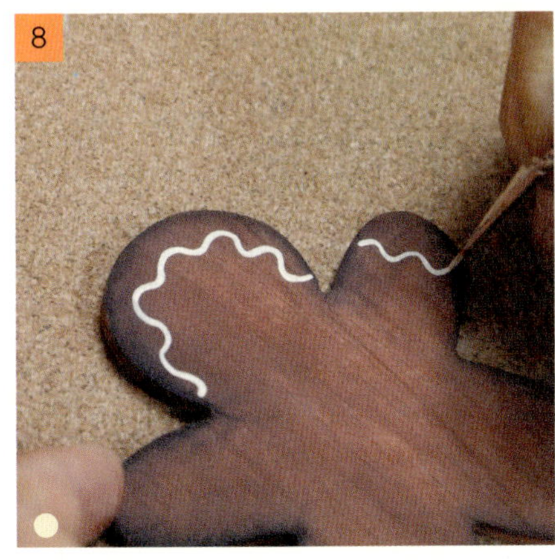

05. 평붓에 아크릴 물감 Burnt Umber를 묻혀 쿠키맨 진저 앞뒷면을 나뭇결 방향대로 칠합니다.

06. 앵글붓 끝에 아크릴 물감 Black을 묻힌 뒤 앞뒤로 잘 비벼 블렌딩합니다.

07. 쿠키맨 진저 바깥쪽 전체를 셰이딩합니다.

08. 세필붓에 아크릴 물감 Butter Milk를 묻혀 쿠키맨 진저 머리와 손목에 곡선을 긋습니다.

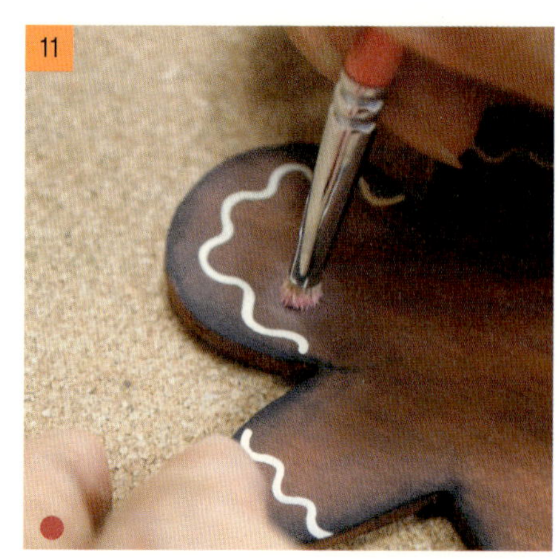

09. 발목 부분에도 곡선을 긋습니다.

10. 스텐실붓에 아크릴 물감 Christmas Red를 조금 묻힌 후 냅킨에 여러 번 찍어 연한 색이 나오도록 합니다.

11. 스텐실붓으로 쿠키맨 진저 볼 부분에 볼 터치를 표현합니다.

12. 양 볼을 같은 톤으로 맞추는 것이 포인트입니다.

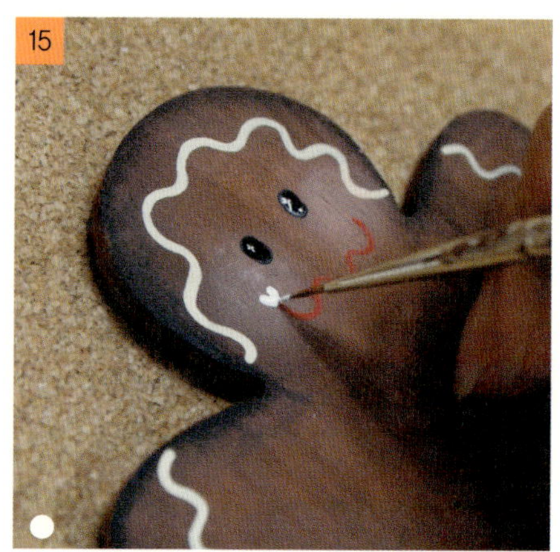

13. 도트펜에 아크릴 물감 Black을 묻힌 뒤 아래로 살짝 내리그어 눈을 길쭉하게 그립니다.

14. 세필붓에 아크릴 물감 Christmas Red를 묻힌 뒤 입을 그립니다.

15. 세필붓에 아크릴 물감 White를 묻힌 뒤 왼쪽 입꼬리 부분에 하트를 그립니다.

16. 오른쪽 입꼬리 부분에도 하트를 그립니다.

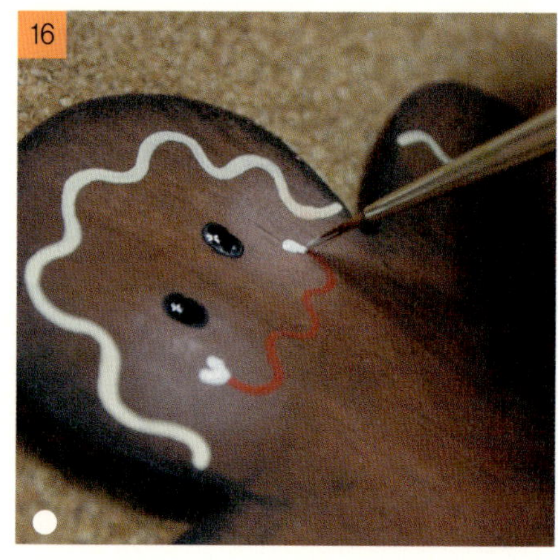

  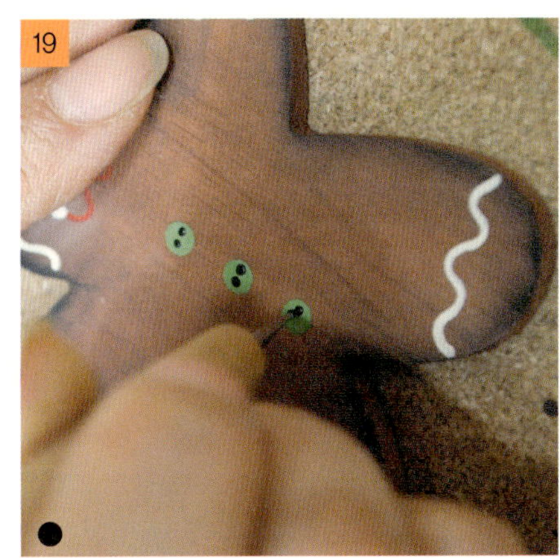

17. 도트펜에 아크릴 물감 Leaf Green을 묻힌 뒤 가슴 부분에 찍어 단추를 표현합니다.

18. 단추는 3개 정도가 좋습니다.

19. 도트펜 가는 쪽에 아크릴 물감 Black을 묻혀 단추의 단춧구멍을 그립니다.

20. 쿠키맨 진저 전체 코너를 220C 샌드페이퍼로 샌딩하여 빈티지 효과를 줍니다.

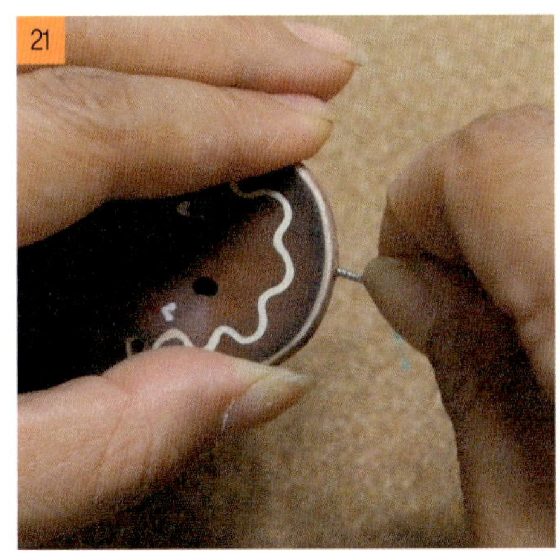  

21. 진저 머리 끝에 나사고리를 박습니다. 나사에 목공 풀을 살짝 바르면 더욱 단단하게 고정시킬 수 있습니다.

22. 매트 바니쉬를 고루 펴 바릅니다.

23. 글루건을 이용하여 쿠키맨 진저 목에 리본을 붙입니다.

24. 나사고리에 열쇠고리를 끼웁니다.

반제 구입처 : http://cafe.naver.com/47060234

재료 및 도구 : 220C 샌드페이퍼, 흰색 색연필, 둥근붓, 세필붓, 도트펜, 스텐실붓, 앵글붓, 바니쉬, 링, 가죽끈

사용 물감 : 우드스테인 – Chocolate Chip ●, 아크릴 물감 – Flesh Chair ●, Orange ●, Cinnamon Brown ●, Butter Milk ●, Cherry Pink ●, Black ●, Christmas Red ●, White ○, Primary Yellow ●, Burnt Umber ●, Leaf Green ●

01. 220C 샌드페이퍼로 미아 방지 목걸이 반제 앞과 뒤 전체를 샌딩합니다.

02. 우드스테인 Chocolate Chip으로 앞뒷면 전체에 베이스 칠을 합니다.

03. 흰색 색연필로 밑그림을 그립니다.(212쪽 도안 참고)

04. 둥근붓에 아크릴 물감 Flesh Chair를 묻혀 얼굴 부분을 칠합니다.

05. 둥근붓에 아크릴 물감 Orange를 묻혀 우비를 칠합니다.

06. 세필붓에 아크릴 물감 Cinnamon Brown을 묻힌 뒤 선을 그어 머리카락을 표현합니다.

07. 세필붓에 아크릴 물감 Orange와 Butter Milk를 섞어 묻힌 뒤 머리카락을 세밀하게 표현합니다.

08. 세필붓에 아크릴 물감 Cinnamon Brown과 Orange를 섞어 묻힌 뒤 머리 카락을 좀 더 세밀하게 표현합니다.

09. 세필붓에 아크릴 물감 Cherry Pink를 묻혀 삼각형으로 코를 표현합니다.

10. 도트펜에 아크릴 물감 Black을 묻혀 눈을 표현합니다.

11. 스텐실붓에 아크릴 물감 Christmas Red를 묻히고 적당히 닦아 낸 뒤 볼을 비비듯 볼 터치를 표현합니다.

12. 세필붓에 아크릴 물감 Black을 묻힌 뒤 볼과 볼을 연결하는 선을 그어 입을 표현합니다.

13. 도트펜에 아크릴 물감 White를 묻힌 뒤 양쪽 입 끝에 하트를 그립니다.

14. 앵글붓에 아크릴 물감 Black을 블렌딩하여 우비 소녀 바깥쪽을 셰이딩합니다.

15. 우비 모자와 그 아래쪽 경계 부분을 셰이딩합니다.

16. 앵글붓에 아크릴 물감 Primary Yellow를 블렌딩하여 하이라이트를 줍니다.

17. 우비 모자 앞쪽 끝에도 하이라이트를 줍니다.

18. 앵글붓에 아크릴 물감 Burnt Umber를 블렌딩하여 얼굴 외곽을 셰이딩합니다.

19. 아크릴 물감 Black을 블렌딩하여 우비 모자와 머리카락 경계 부분을 셰이딩합니다.

20. 세필붓에 아크릴 물감 Black을 묻혀 눈썹을 표현한 뒤 눈 밑 애교 주름을 표현합니다.

21. 세필붓에 아크릴 물감 Leaf Green을 묻혀 스티치를 그립니다.

22. 뒷면에 아크릴 물감 Primary Yellow로 스티치를 그린 뒤 White로 이름을 쓰고 Leaf Green으로 전화번호를 씁니다.

23. 220C 샌드페이퍼로 테두리를 사포질하여 빈티지한 느낌을 주고 바니쉬를 바릅니다.

24. 링을 미아 방지 목걸이 구멍에 끼운 뒤 가죽끈과 연결합니다.

반제 구입처 : http://cafe.naver.com/ggumjangi

재료 및 도구 : 220C 샌드페이퍼, 평붓, 둥근붓, 스텐실붓, 세필붓, 앵글붓, 흰색 색연필, 도트펜, 매트 바니쉬

사용 물감 : 우드스테인 – Dark Walnut ●, 아크릴 물감 – White ○, Black ●, Christmas Red ●, Antique Gold ●, Primary Yellow ●, Burnt Umber ●, Butter Milk ○

01. 머리핀 반제를 220C 샌드페이퍼로 샌딩합니다.

02. 우드스테인 Dark Walnut으로 밑색을 칠합니다.

03. 220C 샌드페이퍼로 가볍게 샌딩합니다.

04. 흰색 색연필로 머리핀에 그림을 스케치합니다. (212쪽 도안 참고)

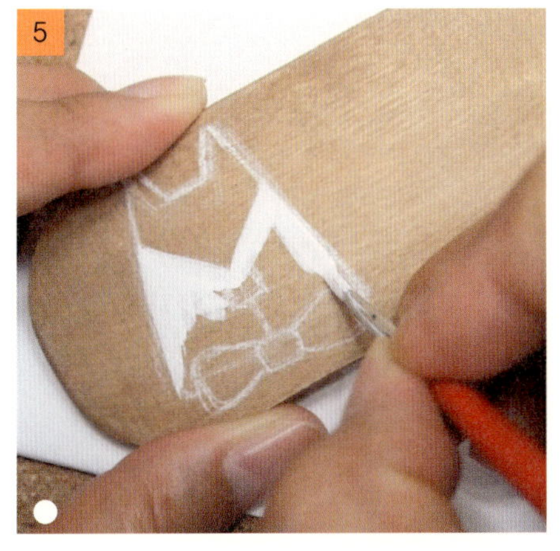

05. 둥근붓에 아크릴 물감 White를 묻혀 고양이 얼굴 부분을 칠합니다.

06. 둥근붓에 아크릴 물감 Black을 묻혀 고양이 머리 부분을 칠합니다.

07. 아크릴 물감 Christmas Red와 Black을 혼합합니다.

08. 혼합한 색을 코에 칠합니다.

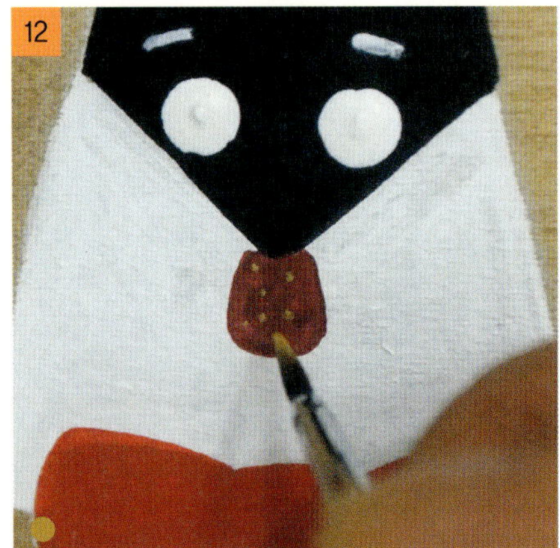

09. 둥근붓에 아크릴 물감 Christmas Red를 묻혀 리본 장식을 칠합니다.

10. 붓 끝에 아크릴 물감 White를 묻혀 찍어 눈을 표현합니다. 이와 같이 도트 펜이 없을 때에는 붓 끝을 이용하면 도트펜의 효과를 얻을 수 있습니다.

11. 둥근붓 0호에 아크릴 물감 White를 묻혀 눈썹을 표현합니다.

12. 둥근붓에 Antique Gold를 묻혀 코에 땀구멍을 표현합니다.

13. 아크릴 물감 Black으로 고양이 코 아래에 인중을 그립니다.

14. 스텐실붓에 아크릴 물감 Christmas Red를 묻혀 볼 터치를 표현합니다.

15. 도트펜에 아크릴 물감 Primary Yellow를 묻혀 리본에 도트 무늬를 찍습니다.

16. 둥근붓 0호에 아크릴 물감 Black을 묻혀 고양이 털을 표현합니다.

17. 둥근붓에 아크릴 물감 Black을 묻힌 뒤 리본 형태를 따라 라인을 긋습니다.

18. 세필붓으로 가는 선을 그어 고양이의 얼굴 라인을 표현합니다.

19. 눈에 칠한 White가 마른 후 작은 도트펜에 아크릴 물감 Black을 묻혀 눈동자를 표현합니다.

20. 앵글붓에 아크릴 물감 Burnt Umber를 묻히고 블렌딩하여 고양이 전체 외곽선을 셰이딩합니다.

Reference : 블렌딩하는 방법

1. 앵글붓에 물을 적당히 묻힌 후 앵글붓의 사선 끝에 채색할 물감을 묻힙니다.

2. 팔레트에 좌우로 붓질합니다. 이때 방향에 따라 붓을 뒤집어 가며 붓질합니다.

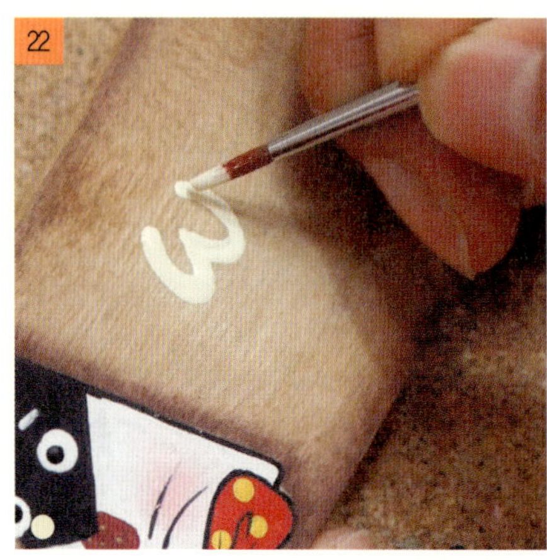

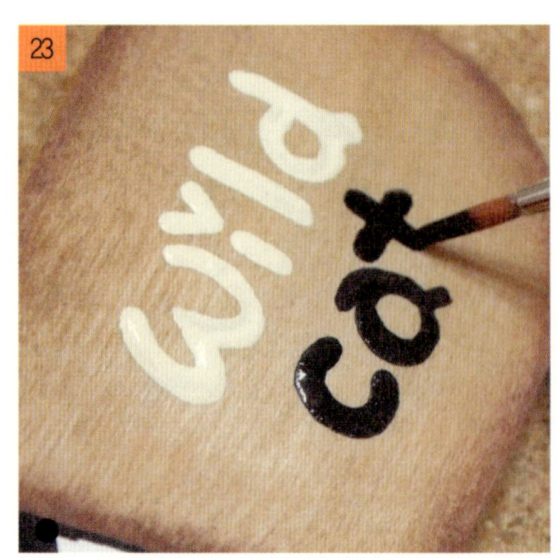

21. 아크릴 물감 Burnt Umber로 머리핀 전체 외곽을 셰이딩합니다.

22. 둥근붓 2호에 아크릴 물감 Butter Milk를 묻혀 Wild라고 씁니다. 글씨를 쓸 때는 붓 끝으로 쓴다는 느낌으로 붓을 세워 씁니다.

23. 둥근붓 2호에 아크릴 물감 Black을 묻혀 cat이라고 씁니다.

24. 도트펜에 Burnt Umber를 묻힌 뒤 Wild를 장식합니다.

25. 도트펜에 Butter Milk를 묻히고 cat 끝 쪽에 도트를 찍어 장식합니다.

26. 220C 샌드페이퍼로 머리핀의 모서리를 가볍게 샌딩합니다.

27. 매트 바니쉬를 펴 바릅니다.

Tip : 둥근붓으로 영문 · 숫자 · 기호 쓰는 요령

A — ②획은 큰 원을 그리듯이 긋습니다. ③획은 ①획의 2/3 지점에서 반듯하게 긋습니다.

B — ②획은 큰 원을 그리듯이 긋고 ③획은 작은 원을 그리듯이 긋습니다.

C — 한 획으로 그어도 되지만 두 획으로 그으면 더 편합니다.

D — ③획은 ①획 끝 부분에 맞추어 긋습니다.

E — ①, ②, ③획의 오른쪽 끝 지점이 비슷하게 긋습니다.

F — ①획과 ②획은 직각이 되게 긋습니다.

G — ②획과 ③획은 직각이 되게 긋습니다.

H — ③획은 ①, ②획 세로 길이의 2/3 지점에서 수평으로 긋습니다.

I — ①획은 길게 ③획은 짧게 긋습니다.

J — ②획은 ①획의 약간 오른쪽 지점에서 내려 긋습니다.

K — ③획은 ①, ②획의 끝 지점보다 길지 않게 긋습니다.

L — ①획과 ②획이 직각이 되게 긋습니다.

M — 붓 끝의 각을 이용해서 모서리 부분에 각을 잡습니다.

N — ①획과 ③획은 부드러운 느낌의 선으로 긋고 ②획은 반듯한 느낌의 선으로 긋습니다.

O — ①획은 시작 지점을 2시 방향으로 하고 ②획은 시작 지점을 10시 방향으로 하여 겹쳐 긋습니다.

P — ③획은 ①획의 2/3 지점에서 위로 굴려 올리듯 긋습니다.

Q — ③획은 'O'를 쓴 후 45도 기울기로 내려 긋습니다.

R — ③획은 ①, ②획의 끝 지점보다 길지 않게 긋습니다.

S — ①획은 되도록 중간에 끊어지지 않도록 한 번에 긋고 ②획은 거꾸로 마무리하는 느낌으로 올려 긋습니다.

T — ②획은 ①획보다 짧게 내려 긋습니다.

U — ②획은 ①획의 아래쪽보다 내려오지 않도록 짧게 긋습니다.

v	아래쪽이 뾰족하도록 ❶획과 ❷획을 맞물려 줍니다.	w	❶, ❹획은 부드러운 느낌으로 긋고 ❷, ❸획은 반듯한 느낌으로 긋습니다.	x	❶, ❷획이 아래쪽 2/3 지점에서 겹치도록 긋습니다.
Y	전체 글자 중 'v'는 2/3 크기로 긋고 ❸획은 1/3 크기로 긋습니다.	z	❶, ❸획은 부드러운 느낌으로 긋고 ❷획은 반듯한 느낌으로 긋습니다.	a	작은 원과 큰 원이 겹치는 느낌으로 ❶획과 ❷획을 긋습니다. ❸획은 45도 각도로 짧게 내려 긋습니다.
b	❶획의 끝 부분에 맞추어 ❸획을 올려 긋습니다.	d	❶획은 왼쪽 15도 각도로 내려 긋고 1/2 지점에서 원을 그리듯 ❷획을 그은 뒤 ❸획을 올려 긋습니다.	e	❶획은 45도 각도의 직선으로 올려 긋습니다.
f	❶획은 오른쪽으로 비스듬히 내려 긋습니다.	g	❹획은 위쪽 동그라미 오른쪽에서 부드러운 선으로 연결하여 줍니다.	h	❷획은 ❶획 중하단에서 감아 내리듯 돌려 긋습니다.
Y	하트를 크게 그려 가분수 느낌이 나도록 표현합니다.	j	하트를 원 모양으로 표현해도 됩니다.	i	조합 문자의 위치에 따라 기울기에 변화를 줍니다.
m	❷, ❸획은 ❶획 쪽으로 모아 주듯 긋습니다.	n	❶획은 'h'와 구분되게 짧게 긋습니다.	q	❷획 끝 부분은 ❶획의 중간 부분에 맞추어 긋습니다.
r	❷획은 올려 긋습니다.	t	❶획과 ❷획이 직각이 되게 긋습니다.	y	'u'를 쓴다는 느낌으로 긋되 ❷획은 길게 긋습니다.

앞자리에 오는 1은 왼쪽으로 기울지만 다른 자리에 갈 때는 위치에 따라 기울기에 변화를 줍니다.	①획은 큰 원을 그리듯 긋고 ②획은 약간 내려 긋습니다.	①획은 큰 원을 그리듯 돌려 긋고 ②획은 작은 원을 그리듯 돌려 긋습니다.
①, ②획은 'ㄴ'자 각도로 긋고 ③획은 ①획보다 아래로 내려오지 않도록 긋습니다.	①획은 아래로 기울게 긋고 ②획은 반듯하게 내려 긋습니다. ③획은 위에서 아래로 원을 그리듯 긋습니다.	①획은 큰 원을 그리듯 내려 긋습니다. ②획은 감아 내리듯 긋습니다.
①, ②획은 'ㄱ'자 기울기로 긋습니다. ②획은 길게 긋습니다.	큰 원과 작은 원을 그리듯 긋습니다.	①획은 최대한 동그랗게 긋고 ②획은 자연스럽게 내려 긋듯 긋습니다.
'1'과 '0'은 동일한 높이로 긋습니다.	①획은 붓을 뉘어서 '●'은 붓을 세워서 긋습니다.	①획은 큰 원을 그리다가 중앙에서 짧게 내려 긋듯 긋습니다.
'a'부터 긋고 'O'를 긋습니다.	멈추지 않고 한 획으로 연결하여 씁니다.	POP에서 쓰는 'W'의 약자 기호입니다.
'/'은 두껍게 '\'은 얇게 긋습니다.	①획과 ②획은 중앙에서 위로 올리듯 긋습니다.	시작 부분은 붓을 세워 시작합니다.
시작 부분은 붓을 세워 시작합니다.	①, ③획은 붓을 세워서 시작하고 ②, ④획은 붓을 굴리듯 긋습니다.	①, ③획은 기울기가 약간 다르게 긋습니다.

반제 구입처 : http://cafe.naver.com/ggumjangi

재료 및 도구 : 연필, 종이, 220C 샌드페이퍼, 평붓, 스텐실붓, 세필붓, 앵글붓, 흰색 색연필, 도트펜, 매트 바니쉬, 키친 타월

사용 물감 : 우드스테인 – Chocolate Chip ●, 아크릴 물감 – White ○, Christmas Red ●, Primary Yellow ●, Cherry Pink ○, Black ●, Cinnamon Brown ●

01. 연필로 연필꽂이에 그릴 밑그림을 스케치합니다.(212쪽 도안 참고)

02. 연필꽂이의 전체 면을 220C 샌드페이퍼로 샌딩합니다.

03. 평붓에 우드스테인 Chocolate Chip을 묻혀 나뭇결 방향으로 전체 면을 칠합니다.

04. 흰색 색연필로 연필꽂이 한쪽 면에 밑그림을 그립니다.

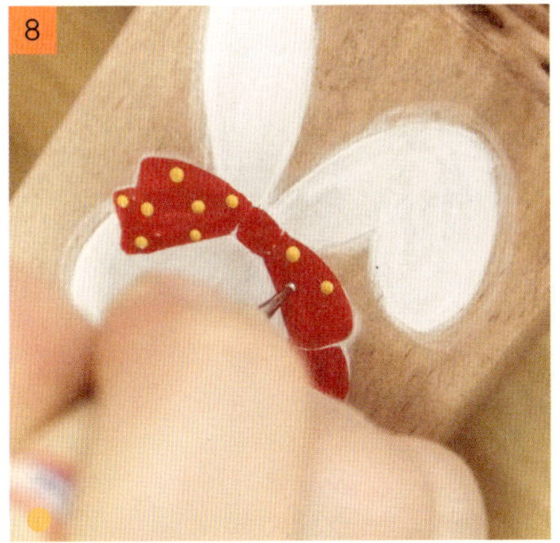

05. 아크릴 물감 White로 토끼의 귀를 칠합니다.

06. 아크릴 물감 White로 토끼의 얼굴을 칠합니다.

07. 아크릴 물감 Christmas Red로 토끼 머리의 리본을 칠합니다.

08. 도트펜에 아크릴 물감 Primary Yellow를 묻혀 리본 위에 도트 무늬를 찍습니다.

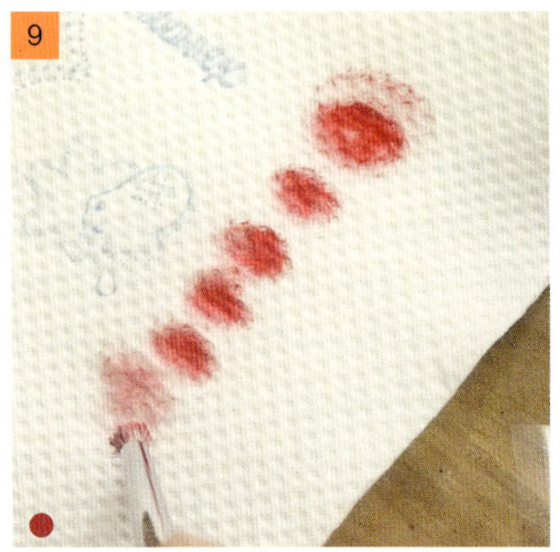 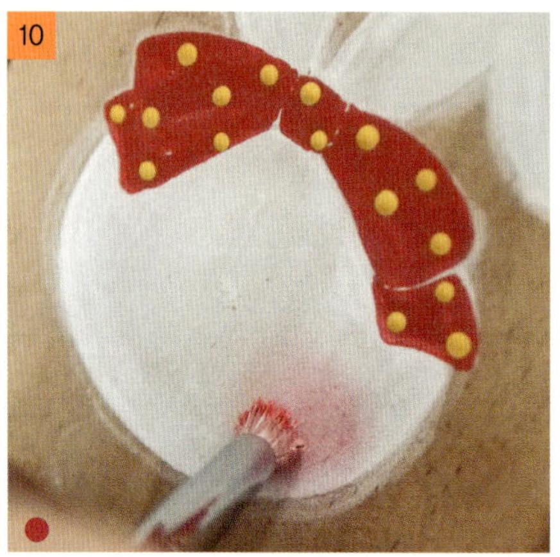 

09. 스텐실붓 1호에 Christmas Red를 묻힌 후 연한 분홍빛이 돌 때까지 키친
타월에 여러 번 찍어 색을 연하게 합니다.

10. 스텐실붓으로 둥글게 문질러 볼 터치를 표현합니다.

11. Cherry Pink로 토끼 귀 안쪽을 칠합니다.

12. Black으로 토끼 코를 역삼각형으로 그립니다.

  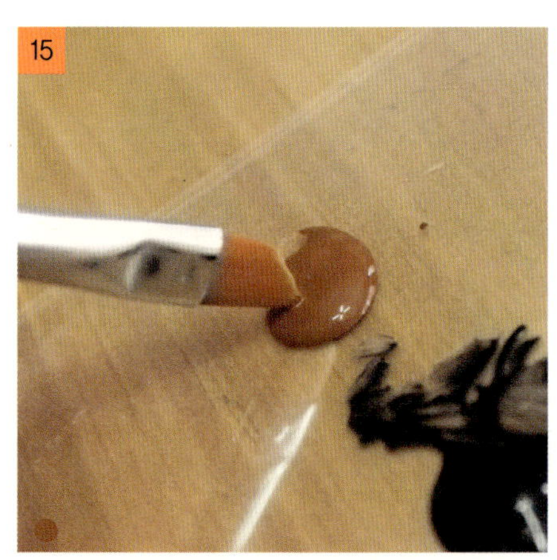

13. 세필붓으로 토끼 입을 그립니다.

14. 도트펜에 White를 묻힌 뒤 입꼬리에 포인트를 줍니다.

15. 앵글붓을 세워 끝 부분에만 Cinnamon Brown을 묻힙니다.

16. 앵글붓을 뒤집어 가며 좌우로 그어 색을 블렌딩합니다.

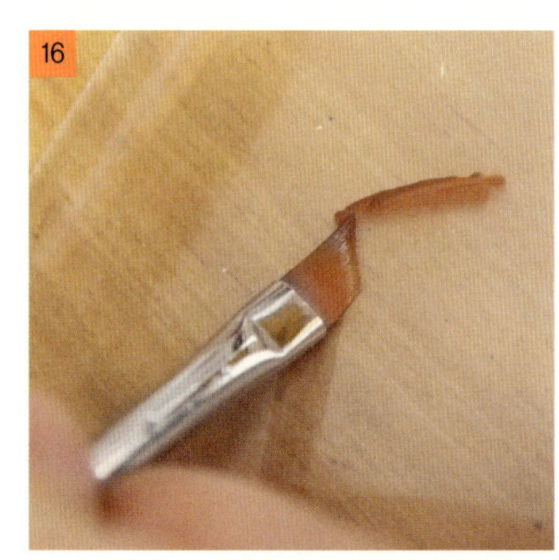

17. 앵글붓으로 토끼 귀의 라인을 세이딩합니다.

18. 앵글붓으로 토끼 얼굴의 라인을 세이딩합니다.

19. 아크릴 물감 White를 블렌딩한 뒤 리본 가장자리에 하이라이트를 표현하여
    입체 효과를 줍니다.

20. 아크릴 물감 Black으로 전체 라인을 그립니다.

21. 아크릴 물감 Cinnamon Brown을 블렌딩한 뒤 앵글붓으로 연필꽂이 옆면
    가장자리를 세이딩합니다.

22. 도트펜에 아크릴 물감 Black을 묻혀 토끼 눈을 그립니다.

23. 모서리의 나무 색이 나올 때까지 220C 샌드페이퍼로 샌딩합니다.

24. 매트 바니쉬를 발라 마무리합니다.

Country Love
November
1 2 3 4 5
Sun Mon Tue Wed Thu Fri Sat
6 7 8 9 10 11 12
13 14 15 16 17 18 19
20 21 22 23 24 25 26
27 28 29 30
June
January
March
August
February
September
October
April
December

CHAPTER 3.
중급 과정 — 소품 톨 페인팅

Lesson 1. 캠핑용 문패

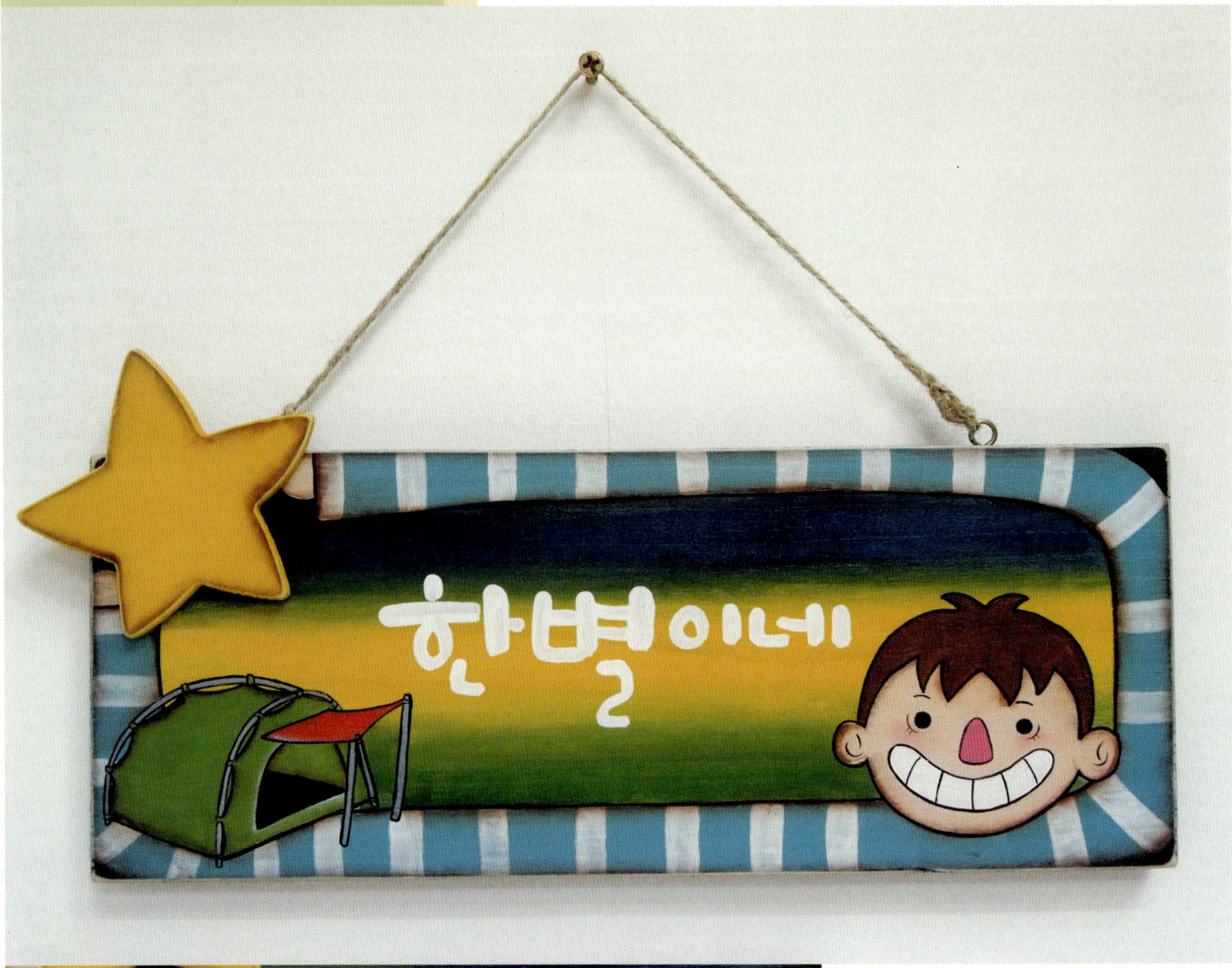

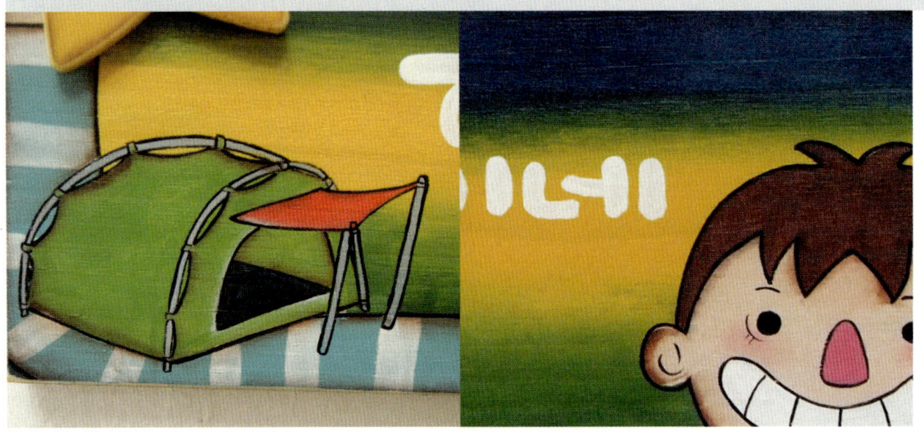

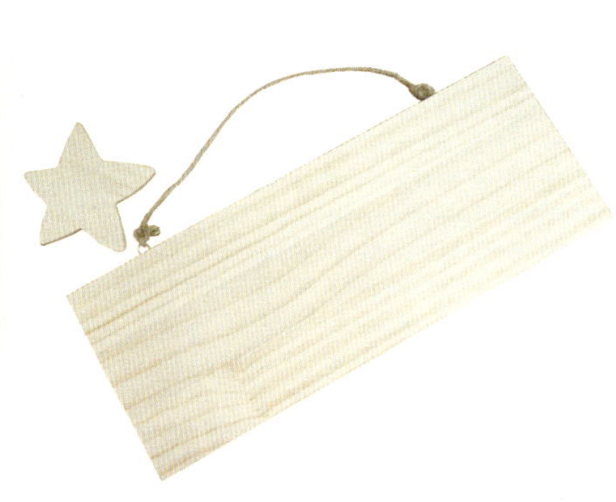

반제 구입처 : http://cafe.naver.com/47060234

재료 및 도구 : 220C 샌드페이퍼, 네임펜, 트레이싱 페이퍼, 셀로판테이프, 먹지, 평붓, 스텐실붓, 도트펜, 세필붓, 앵글붓

사용 물감 : 우드스테인 – Chocolate Chip ●, 아크릴 물감 – Primary Yellow ●, Holy Bush ●, Forest Green ●, Navy Blue ●, Cinnamon Brown ●, Flesh Chair ●, White ●, Christmas Red ●, Black ●, American Turkey ●, Leaf Green ●, Orange ●, Burnt Umber ●

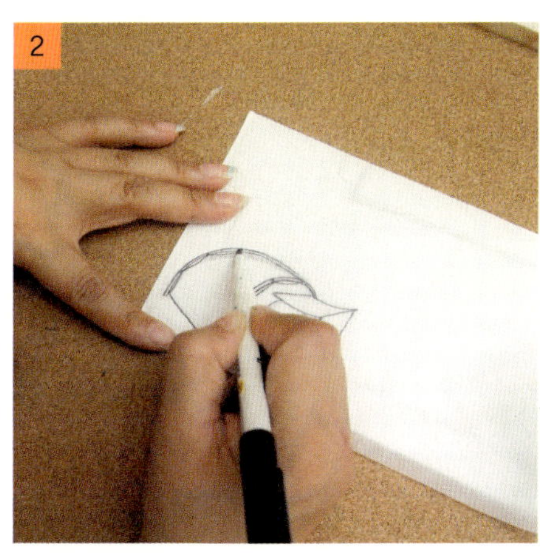
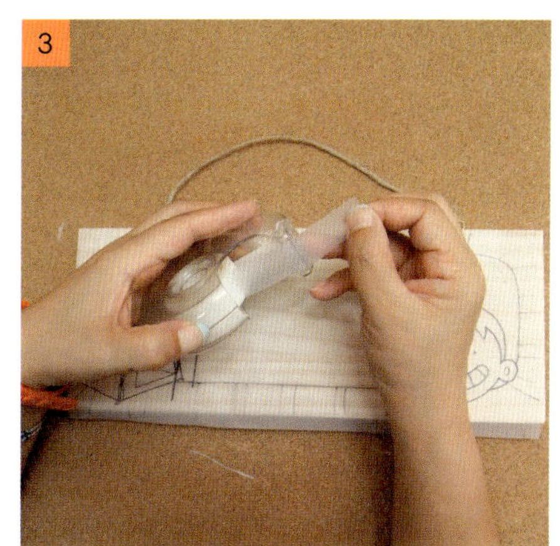

01. 캠핑용 문패 반제 전체를 220C 샌드페이퍼로 샌딩합니다.

02. 네임펜으로 밑그림을 트레이싱 페이퍼 위에 옮겨 그립니다.(212쪽 도안 참고)

03. 밑그림을 움직이지 않게 하기 위해 셀로판테이프로 고정시킵니다.

04. 먹지를 트레이싱 페이퍼와 밑판 사이에 끼운 뒤 밑그림을 따라 그립니다.

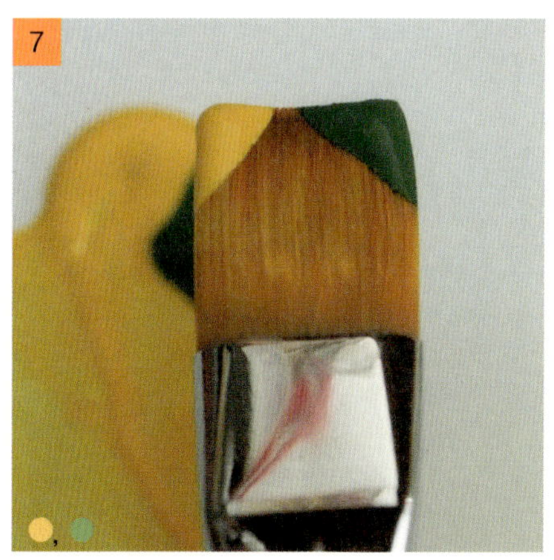

05. 아크릴 물감 Primary Yellow를 문패 중앙에 칠합니다.

06. 아크릴 물감 Primary Yellow와 Holy Bush를 왼쪽과 오른쪽 붓 끝에 각각 묻힙니다.

07. 위와 같이 두 물감을 반반씩 묻히는 것이 효과적입니다.

08. 붓을 뒤집어 가며 좌우로 그어 두 색상을 사이드 로딩합니다.

09. 사이드 로딩한 붓으로 Primary Yellow에 바짝 붙여 칠합니다. 이렇게 하면 자연스러운 그러데이션 효과를 줄 수 있습니다.

10. 아크릴 물감 Holy Bush를 아래쪽으로 더 칠한 후 Forest Green을 Holy Bush 위에 덧바르고 나서 두 색을 블렌딩합니다.(77쪽 Tip 참고)

11. 아크릴 물감 Navy Blue와 Primary Yellow를 반씩 묻힌 붓을 문패 상단 Primary Yellow 위에 여러 차례 붓질합니다.

12. 아크릴 물감 Navy Blue와 Cinnamon Brown을 섞습니다.

13. 위에서 섞은 색으로 문패 가장 위쪽을 칠합니다.

14. Flesh Chair로 남아의 얼굴을 칠합니다.

15. Cinnamon Brown으로 남아의 머리를 칠합니다.

16. White로 남아의 입을 칠합니다.

17. White와 Christmas Red를 섞은 색으로 코를 표현합니다.

18. 스텐실붓에 Christmas Red를 조금 묻힌 후 연한 색이 나올 때까지 여러 차
례 찍은 뒤 양 볼에 둥글게 볼 터치를 표현합니다.

19. 도트펜에 Black을 묻힌 뒤 눈을 찍어 표현합니다.

20. 세필붓에 아크릴 물감 Black을 묻혀 눈썹을 그립니다.

21. 세필붓에 아크릴 물감 Black을 묻혀 애교 주름을 그립니다.

22. 세필붓에 아크릴 물감 Black을 묻혀 이를 표현합니다.

23. 아크릴 물감 American Turkey로 테두리를 칠합니다.

24. 아크릴 물감 Flesh Chair로 손을 칠합니다.

25. 아크릴 물감 Leaf Green으로 텐트 전체를 칠합니다.

26. Navy Blue와 Cinnamon Brown을 섞은 색으로 텐트 속 바닥을 칠합니다.

27. Orange로 텐트 그늘막을 칠합니다.

28. Black과 White를 섞은 색으로 텐트 프레임을 칠합니다.

29. Leaf Green으로 텐트 프레임을 연결하는 고리를 칠합니다.

30. 평붓 3호에 White를 묻혀 상의 무늬를 긋습니다.

31. 앵글붓에 Burnt Umber를 묻혀 블렌딩한 뒤 텐트 바깥쪽을 셰이딩합니다.

32. White로 텐트 입구 부분에 하이라이트를 표현합니다.

33. 세필붓에 Black을 묻혀 라인을 긋습니다.

34. Cinnamon Brown으로 블렌딩한 뒤 남아 얼굴 형태를 셰이딩합니다.

35. Cinnamon Brown으로 블렌딩한 뒤 팔 전체 테두리를 셰이딩합니다.

36. Cinnamon Brown으로 블렌딩한 뒤 문패 전체 테두리를 셰이딩합니다.

 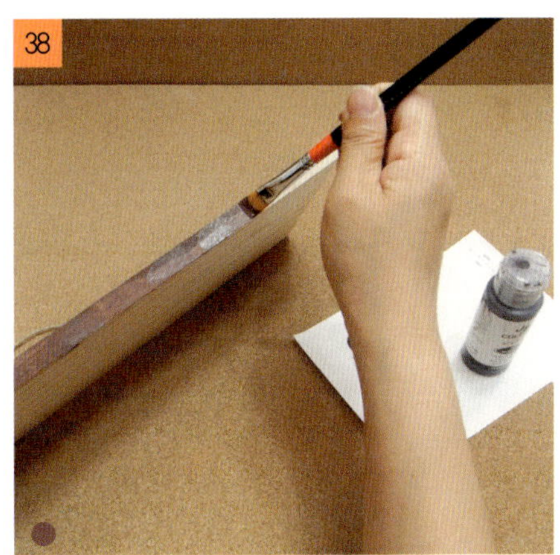 

37. Black으로 그림 형태 라인을 그립니다.

38. 문패 옆면을 Burnt Umber로 칠합니다.

39. 별 오너먼트 전체를 Primary Yellow로 칠합니다.

40. 앵글붓으로 Cinnamon Brown을 블렌딩한 뒤 별 전체 테두리를 셰이딩합니다.

41. 220C 샌드페이퍼로 별의 전체 형태 모서리를 샌딩하여 빈티지 느낌을 줍니다.

42. 캠핑용 문패에 적당한 명칭을 씁니다.

43. 캠핑용 문패 전체 테두리를 220C 샌드페이퍼로 샌딩합니다.

44. 매트 바니쉬를 나뭇결 방향으로 잘 펴 바릅니다.

45. 목공용 본드를 별 뒷면에 펴 바른 뒤 문패에 붙여 완성합니다.

Tip : 그러데이션의 이해

그러데이션은 색깔을 칠할 때 한쪽을 짙게 칠하고 다른 쪽으로 갈수록 차츰 옅은 색이 되도록 칠하는 것과 다른 두 색을 자연스럽게 연결시켜 주는 것을 말합니다. 그러데이션을 표현하는 방법에는 다음 세 가지가 있습니다.

방법 1

1. 평붓으로 첫 번째 색을 먼저 칠합니다. 2. 붓을 빤 후 첫 번째 색 반, 두 번째 색 반을 붓에 묻힌 후 팔레트에 블렌딩합니다. 3. 블렌딩한 붓을 처음 칠한 색에 겹치듯 칠하여 자연스럽게 그러데이션 효과를 줍니다.

방법 2

1. 첫 번째 색을 먼저 칠합니다. 2. 두 번째 색을 첫 번째 색의 경계 부분에 살짝 겹쳐 칠합니다. 3. 겹친 경계선 부분을 젖은 깨끗한 붓으로 가볍게 붓질하여 그러데이션 효과를 줍니다.

방법 3

한 가지 색으로 그러데이션 효과를 주는 방법입니다. 1. 먼저 색을 칠합니다. 2. 물의 양을 적게 하여 붓질합니다. 3. 점점 물의 양을 늘려 가며 붓질하여 그러데이션 효과를 줍니다.

Lesson 2. 다용도 수납함

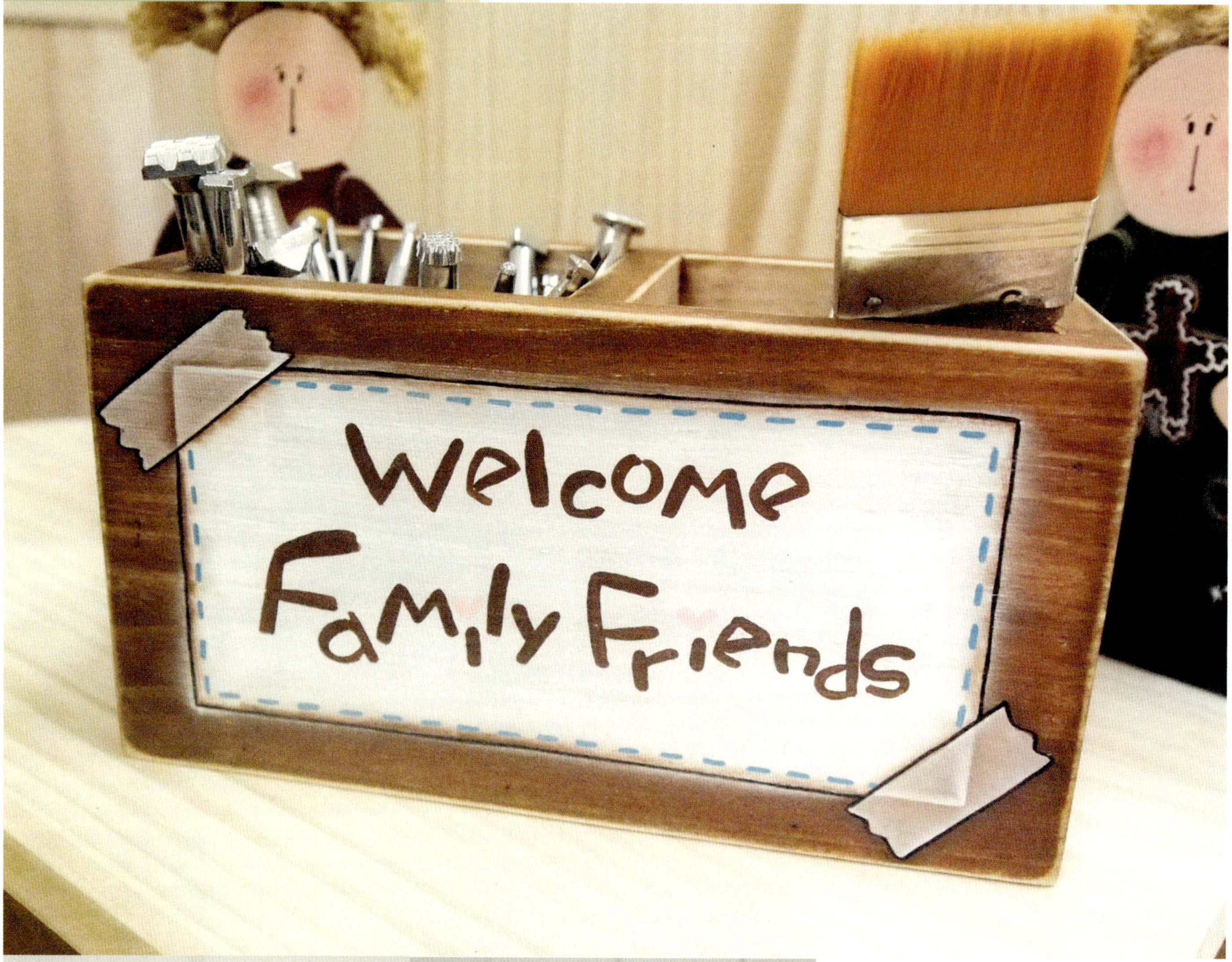

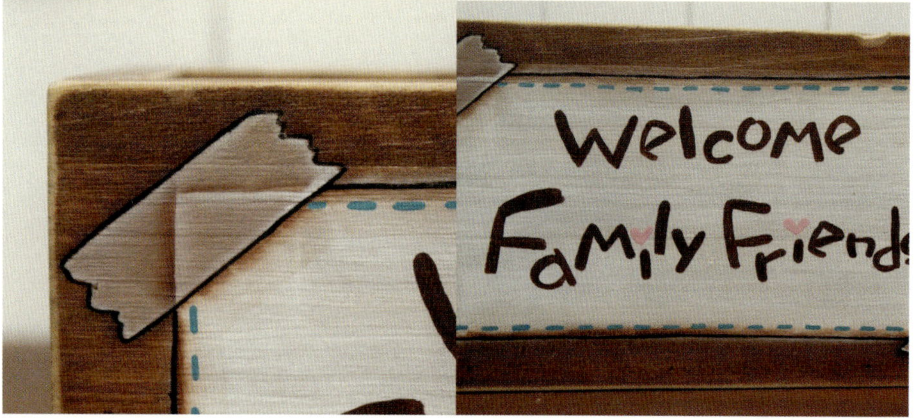

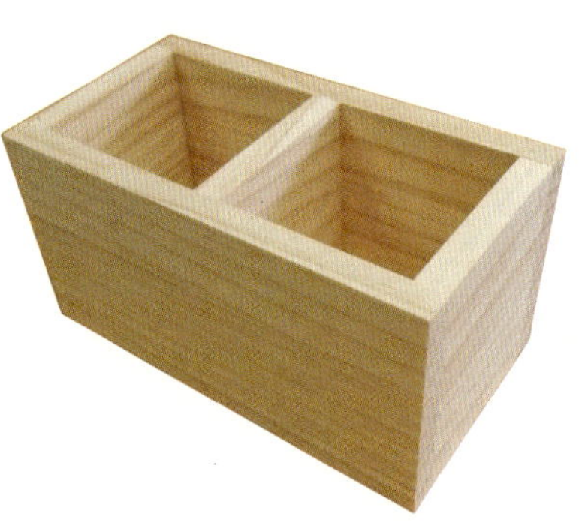

반제 구입처 : http://cafe.naver.com/ggumjangi

재료 및 도구 : 연필, 종이, 220C 샌드페이퍼, 평붓, 앵글붓, 세필붓, 흰색 색연필, 매트 바니쉬

사용 물감 : 우드스테인 – Chocolate Chip ●, 아크릴 물감 – White ●, Cinnamon Brown ●, American Turkey ●, Burnt Umber ●, Cherry Pink ●, Black ●

01. 연필로 다용도 수납함 옆면에 들어갈 밑그림을 스케치합니다. (213쪽 도안 참고)

02. 다용도 수납함의 전체 면을 220C 샌드페이퍼로 샌딩합니다.

03. 우드스테인 Chocolate Chip으로 전체 면을 칠합니다.

04. 우드스테인이 완전히 마르면 흰색 색연필로 밑그림을 그립니다.

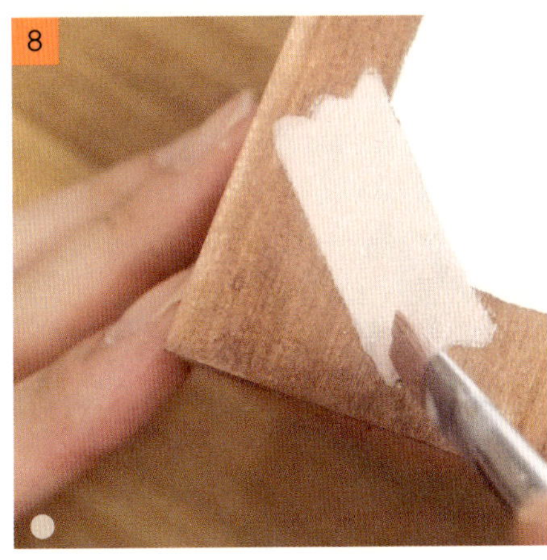

05. 아크릴 물감 White로 흰색 색연필로 그린 밑그림을 칠합니다.

06. 아크릴 물감 White와 약간의 아크릴 물감 Cinnamon Brown을 섞습니다.

07. 섞은 물감으로 밑그림의 셀로판테이프 부분을 칠합니다.

08. 평붓을 세워 셀로판테이프 끝의 톱날 무늬를 세밀하게 표현합니다.

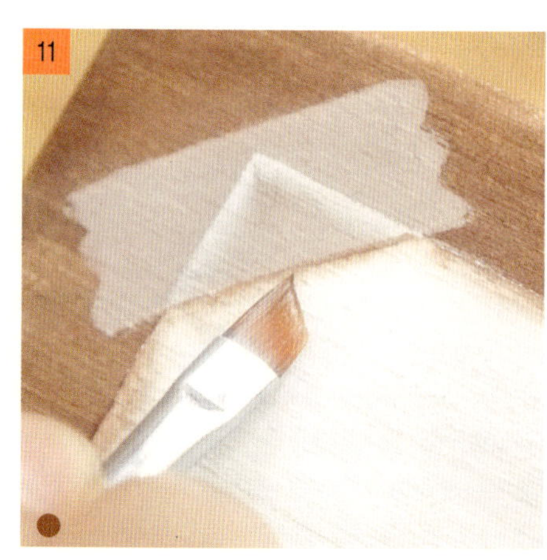

09. 셀로판테이프의 투명한 느낌을 표현하기 위해 아크릴 물감 White를 블렌딩한 앵글붓으로 종이의 모서리를 셰이딩합니다.

10. 아크릴 물감 Cinnamon Brown으로 블렌딩한 앵글붓으로 종이의 안쪽 테두리를 셰이딩합니다.

11. 셀로판테이프와 종이가 겹치는 부분을 같은 방법으로 셰이딩합니다.

12. 셀로판테이프가 붙은 종이의 모서리 바깥쪽을 아크릴 물감 Cinnamon Brown으로 셰이딩합니다.

13. 종이 테두리의 바깥쪽 부분을 아크릴 물감 White로 셰이딩합니다.

14. 셀로판테이프의 바깥쪽을 아크릴 물감 Cinnamon Brown으로 셰이딩하여 입체 효과를 줍니다.

15. 셀로판테이프 톱날 무늬 안쪽 가장자리 부분을 아크릴 물감 White로 하이라이트 효과를 줍니다.

16. 아크릴 물감 American Turkey를 묻힌 세필붓으로 스티치를 그립니다.

17. 아크릴 물감 Burnt Umber를 묻힌 세필붓으로 꾸밈 글씨를 씁니다.

18. 아크릴 물감 Cherry Pink를 묻힌 세필붓으로 글씨를 꾸밉니다.

19. 아크릴 물감 Black을 묻힌 세필붓으로 전체 테두리 라인을 그립니다.

20. 나무 색이 나올 정도로 220C 샌드페이퍼로 다용도 수납함 가장자리를 샌딩합니다.

21. 다용도 수납함의 윗부분 안쪽과 바깥쪽 모서리를 샌딩합니다.

22. 매트 바니쉬를 발라 마무리합니다.

Lesson 3. 종이컵 보관함

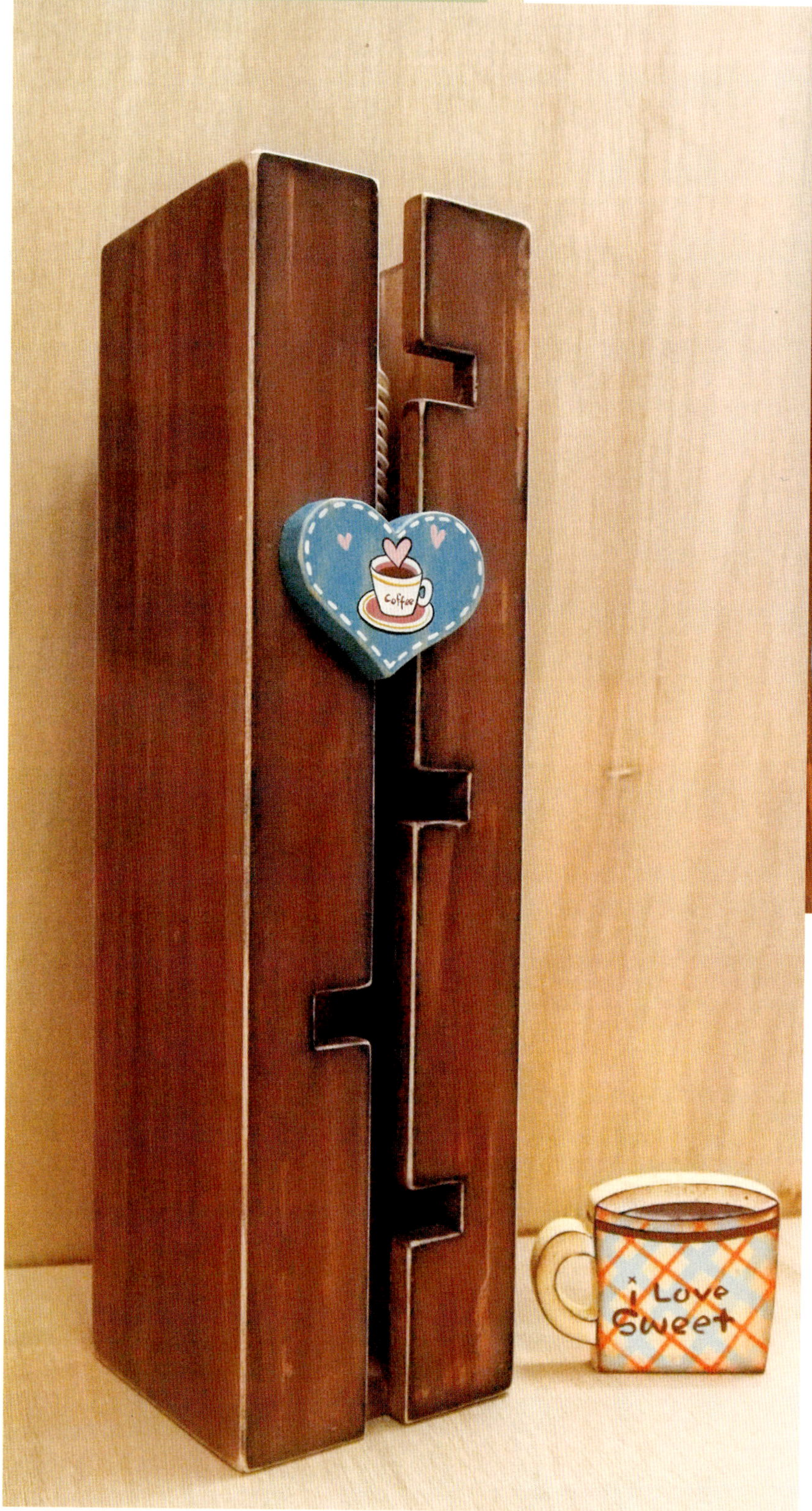

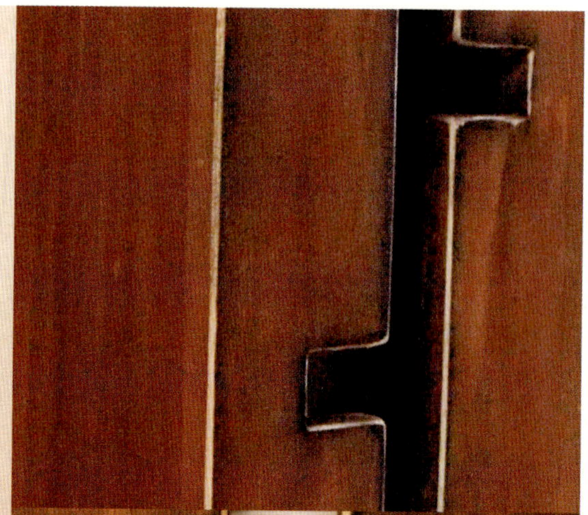

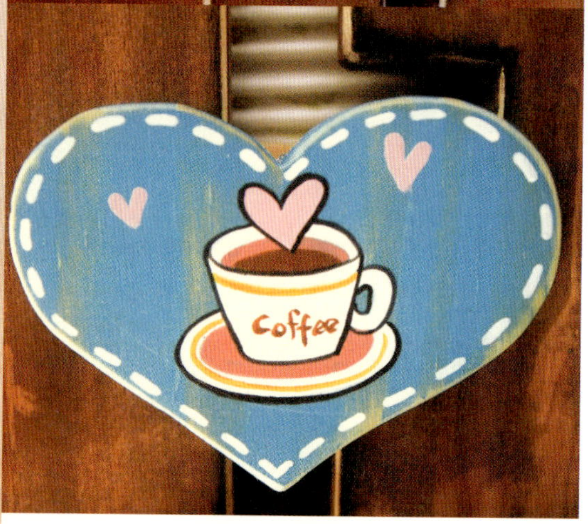

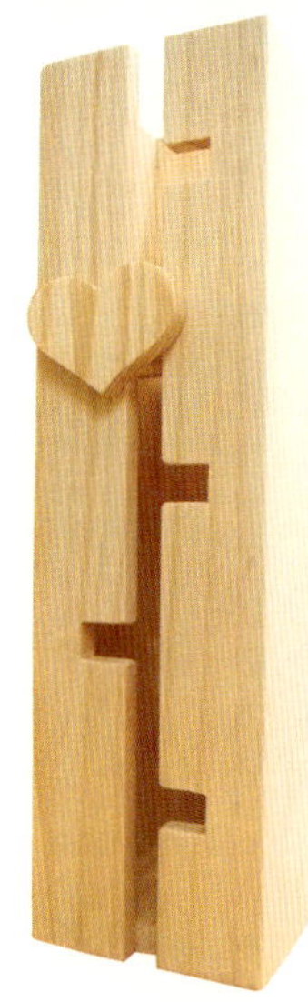

반제 구입처 : http://cafe.naver.com/ggumjangi

오너먼트 : http://cafe.naver.com/47060234

재료 및 도구 : 220C 샌드페이퍼, 평붓, 스펀지, 앵글붓, 흰색 색연필, 둥근붓, 세필붓, 바니쉬

사용 물감 : 우드스테인 – Chocolate Chip ●, 아크릴 물감 – Black ●, American Turkey ●, White ●, Dusty Pink ●, Cinnamon Brown ●, Primary Yellow ●, Cherry Pink ●

01. 반제 표면 전체를 220C 샌드페이퍼로 매끄럽게 샌딩합니다.

02. 평붓에 우드스테인 Chocolate Chip을 묻혀 홈의 측면부터 칠합니다.

03. 평붓으로 나뭇결과 같은 방향으로 칠합니다.

04. 안쪽 면은 스펀지를 이용하여 칠합니다.

 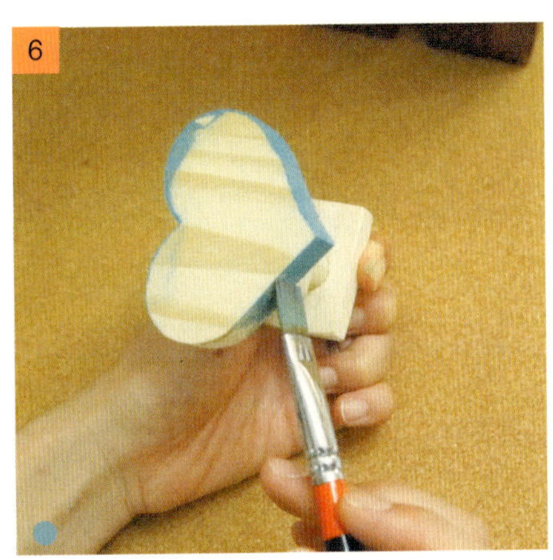 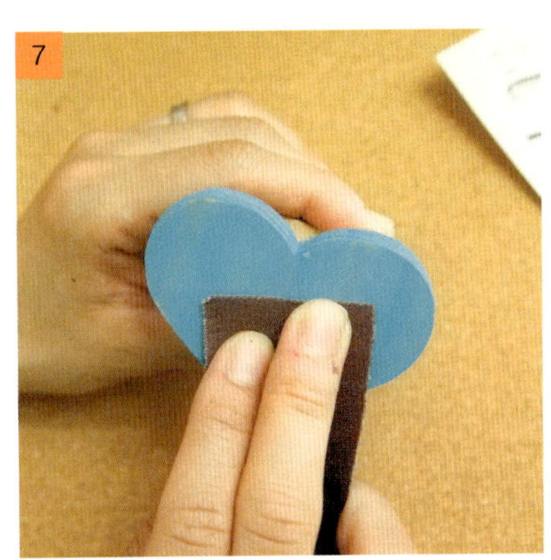

05. 앵글붓에 아크릴 물감 Black을 묻혀 코너 부분을 셰이딩합니다.

06. 부속물 하트의 옆면을 아크릴 물감 American Turkey로 칠합니다.

07. 부속물 하트 표면 전체를 220C 샌드페이퍼로 가볍게 샌딩합니다.

08. 흰색 색연필로 부속물 하트 앞면에 밑그림을 그립니다.(212쪽 도안 참고)

09. 둥근붓으로 커피 잔과 커피 잔 받침 바깥쪽에 아크릴 물감 White를 칠합니다.

10. 아크릴 물감 White 안쪽에 아크릴 물감 Dusty Pink를 칠합니다.

11. 아크릴 물감 Cinnamon Brown으로 커피를 표현합니다.

12. 아크릴 물감 Primary Yellow로 커피 잔과 커피 잔 받침을 꾸밉니다.

13. 우드스테인 White로 커피 잔 가장자리에 선을 그립니다.

14. 우드스테인 Cinnamon Brown으로 커피 잔 옆면에 'Coffee' 라고 씁니다.

15. 우드스테인 Cherry Pink로 하트를 색칠합니다.

16. 우드스테인 Cherry Pink로 스티치를 그립니다.

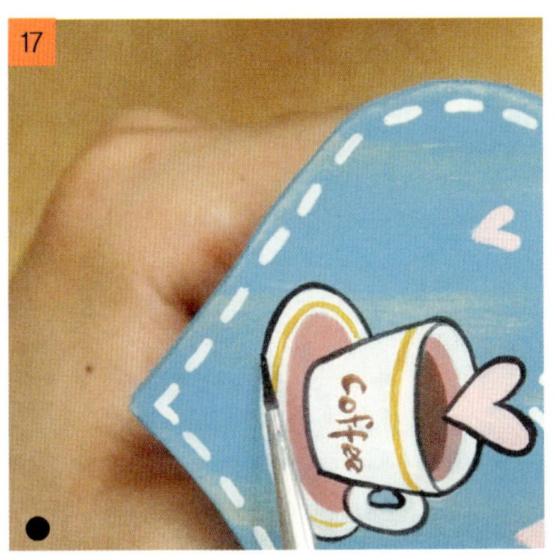

17. 커피 잔과 커피 잔 받침의 외곽선을 세필붓으로 그립니다.

18. 220C 샌드페이퍼로 나무의 원색이 보일 때까지 부속물 하트의 가장자리를 샌딩합니다.

19. 220C 샌드페이퍼로 나무의 원색이 보일 때까지 홈의 측면을 샌딩합니다.

20. 바니쉬를 발라 마감합니다.

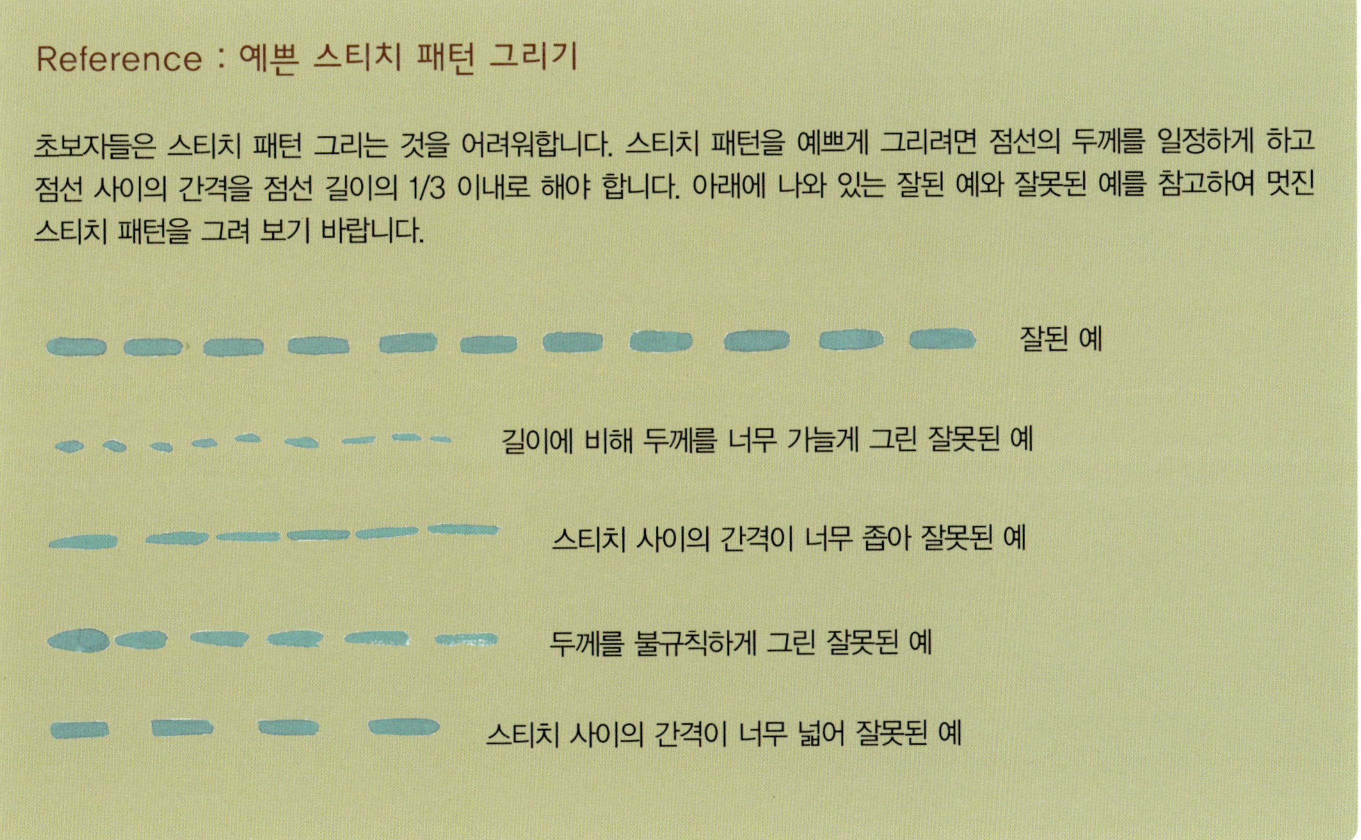

Reference : 예쁜 스티치 패턴 그리기

초보자들은 스티치 패턴 그리는 것을 어려워합니다. 스티치 패턴을 예쁘게 그리려면 점선의 두께를 일정하게 하고 점선 사이의 간격을 점선 길이의 1/3 이내로 해야 합니다. 아래에 나와 있는 잘된 예와 잘못된 예를 참고하여 멋진 스티치 패턴을 그려 보기 바랍니다.

잘된 예

길이에 비해 두께를 너무 가늘게 그린 잘못된 예

스티치 사이의 간격이 너무 좁아 잘못된 예

두께를 불규칙하게 그린 잘못된 예

스티치 사이의 간격이 너무 넓어 잘못된 예

반제 구입처 : http://cafe.naver.com/ggumjangi
오너먼트 : http://cafe.naver.com/47060234

재료 및 도구 : 220C 샌드페이퍼, 연필, 평붓, 둥근붓, 앵글붓, 세필붓, 스텐실붓, 도트펜, 목공 풀, 매트 바니쉬

사용 물감 : 우드스테인 – Dark Walnut ●, 아크릴 물감 – White ○, Flesh Chair ●, Primary Yellow ●, Christmas Red ●, Butter Milk ○, Black ●, Cherry Pink ○, Navy Blue ●, Cinnamon Brown ●, Colonial Blue ●, Sky Blue ○, Holy Bush ●

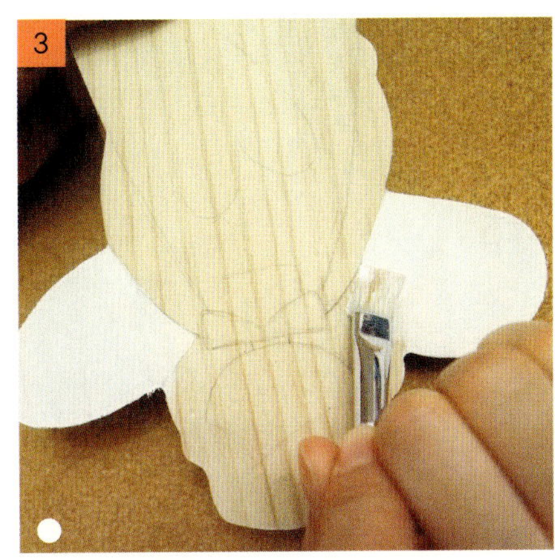

01. 오너먼트와 휴지꽂이를 220C 샌드페이퍼로 샌딩합니다.

02. 연필로 오너먼트에 밑그림을 스케치합니다.(213쪽 도안 참고)

03. 아크릴 물감 White로 오너먼트의 날개와 옷깃 부분을 칠합니다.

04. 아크릴 물감 Flesh Chair로 얼굴을 칠합니다.

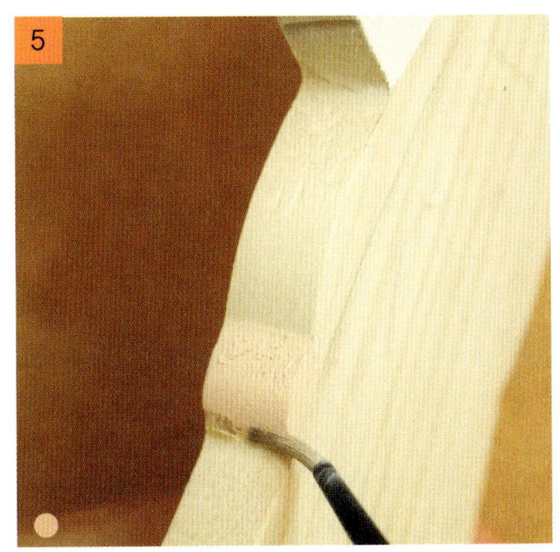

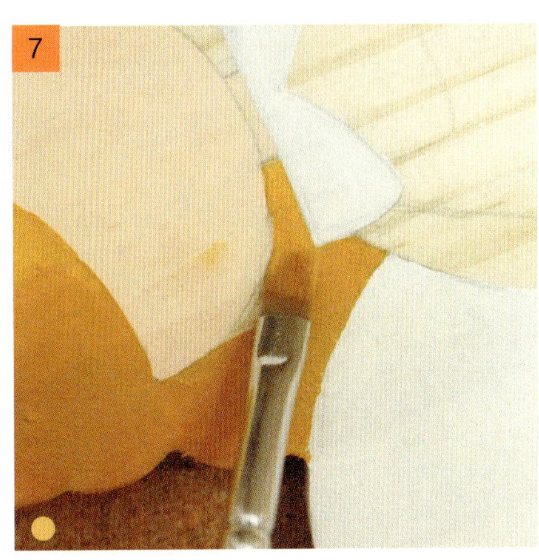

05. 아크릴 물감 Flesh Chair로 오너먼트 손의 옆면을 칠합니다.

06. 아크릴 물감 Flesh Chair로 입체로 표현할 왼쪽 팔의 손을 칠합니다.

07. 아크릴 물감 Primary Yellow로 머리카락을 칠합니다.

08. 우드스테인 Dark Walnut으로 휴지꽂이대를 칠합니다.

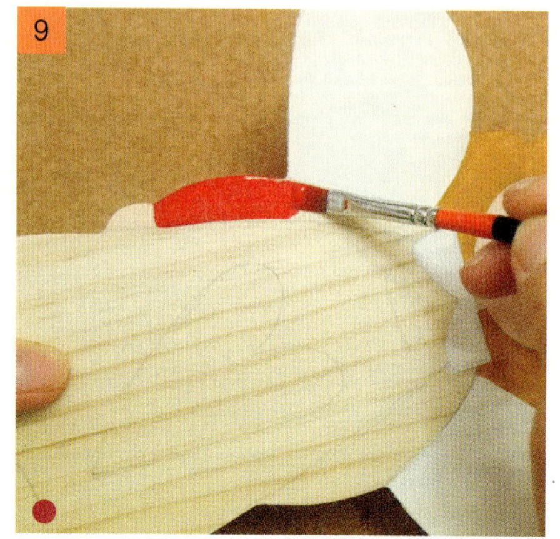  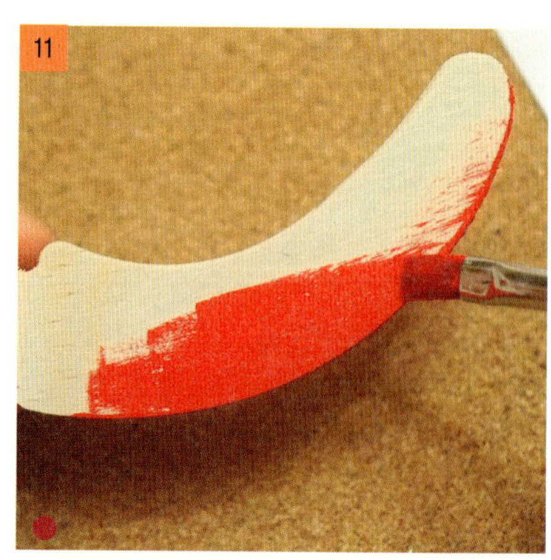

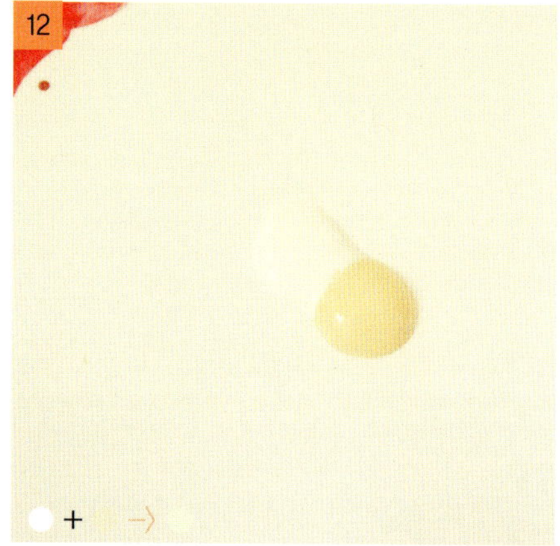

09. 아크릴 물감 Christmas Red로 오너먼트의 양쪽 팔을 칠합니다.

10. 아크릴 물감 Christmas Red로 입체로 표현할 왼쪽 팔의 옆면을 칠합니다.

11. 아크릴 물감 Christmas Red로 팔의 앞면을 나뭇결 방향대로 칠합니다.

12. 아크릴 물감 White와 Butter Milk를 1:1 비율로 섞습니다.

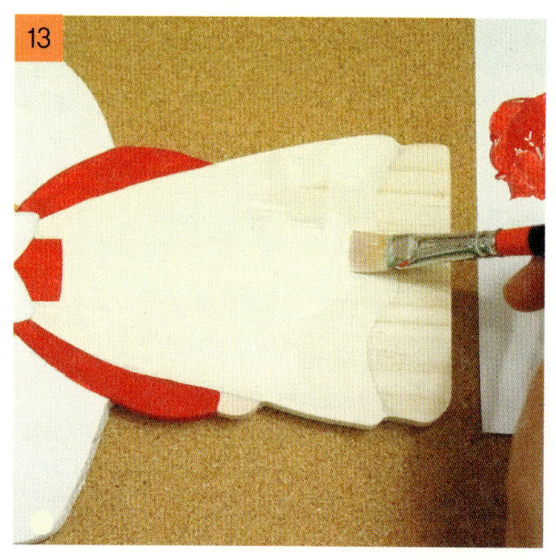  

13. 위에서 섞은 색으로 앞치마를 칠합니다.

14. 신발을 아크릴 물감 Black으로 칠합니다.

15. 앞치마의 하트 모양을 아크릴 물감 Cherry Pink로 칠합니다.

16. 앵글붓을 이용하여 천사의 날개를 아크릴 물감 Navy Blue로 셰이딩합니다.

 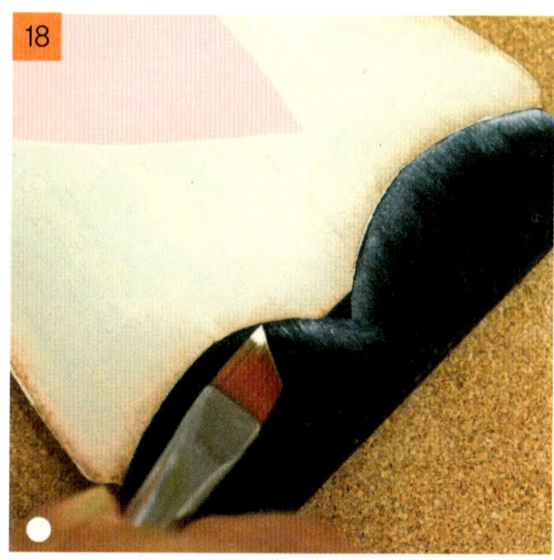 

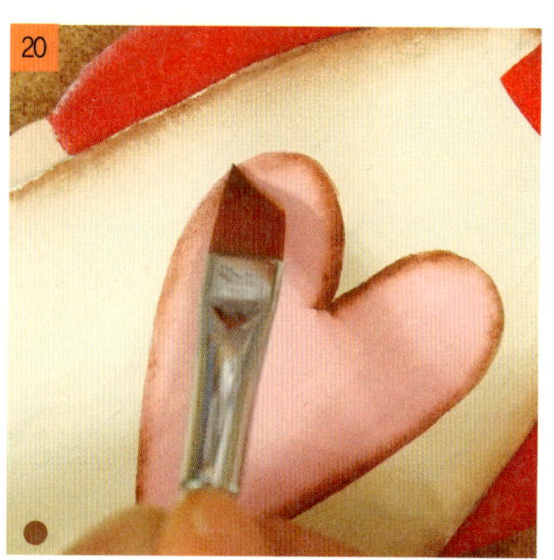

17. 앵글붓에 아크릴 물감 Cinnamon Brown을 블렌딩한 뒤 앞치마를 셰이딩합니다.

18. 앵글붓에 아크릴 물감 White를 묻힌 뒤 신발 위쪽에 하이라이트를 표현합니다.

19. 앵글붓에 아크릴 물감 White를 묻힌 뒤 하이라이트를 표현합니다.

20. 앵글붓에 아크릴 물감 Cinnamon Brown을 묻힌 뒤 하트 모양 안쪽을 셰이딩합니다.

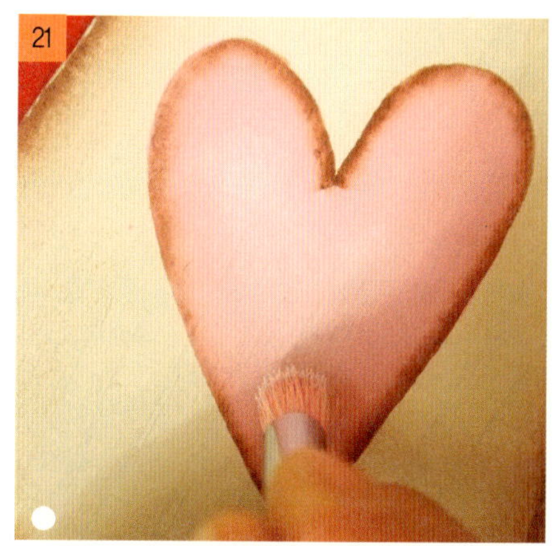 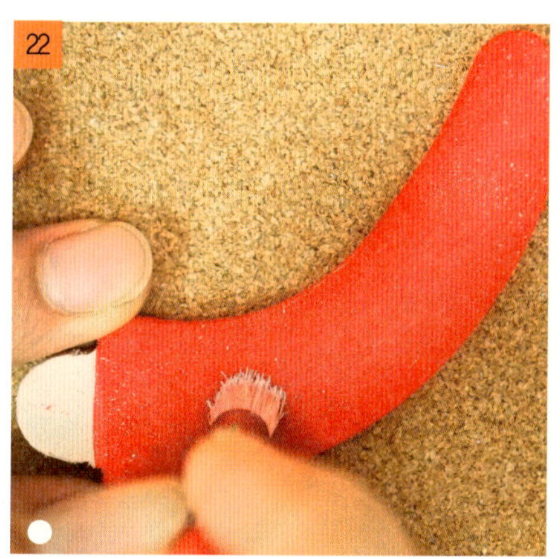 

21. 스텐실붓에 아크릴 물감 White를 묻힌 뒤 하트 모양 중앙에 하이라이트를 표현합니다.

22. 스텐실붓에 아크릴 물감 White를 묻힌 뒤 입체로 표현할 왼쪽 팔의 앞면을 칠합니다.

23. 앵글붓에 아크릴 물감 Cinnamon Brown을 블렌딩하여 머리카락 가장자리를 셰이딩합니다.

24. 둥근붓 1호에 아크릴 물감 Colonial Blue를 묻혀 날개에 스티치를 그립니다.

25. 둥근붓에 아크릴 물감 Sky Blue를 묻힌 뒤 골뱅이 모양을 표현합니다.

26. 세필붓에 아크릴 물감 White를 묻힌 뒤 머리 리본에 가로선을 긋습니다.

27. 가로선이 마른 후 그 위에 세로선을 그어 체크무늬를 만듭니다. 이 과정을 더블 로딩이라고 합니다.

28. 흰색 가로선과 세로선 사이에 아크릴 물감 Holy Bush로 가로선과 세로선을 긋습니다.

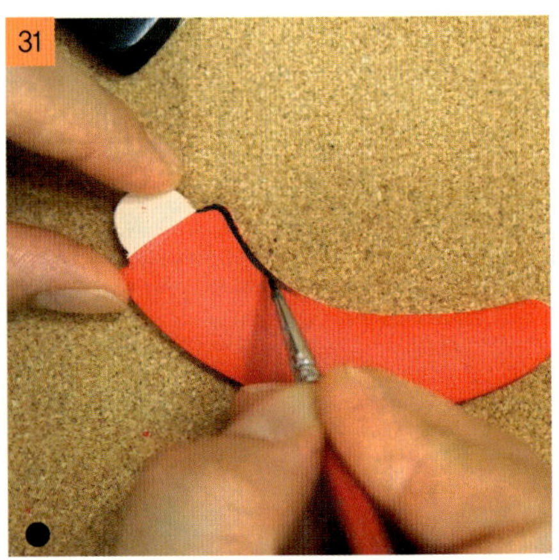

29. 세필붓에 아크릴 물감 Black을 묻힌 뒤 리본 라인을 그립니다.

30. 아크릴 물감 Black으로 오너먼트 전체에 테두리 라인을 그립니다.

31. 아크릴 물감 Black으로 입체 팔에 테두리 라인을 그립니다.

32. 콤붓에 아크릴 물감 Cinnamon Brown을 조금 묻힌 뒤 머릿결을 표현합니다.

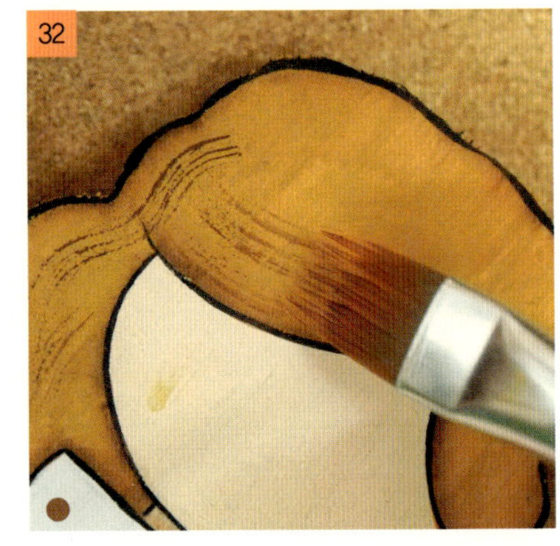

 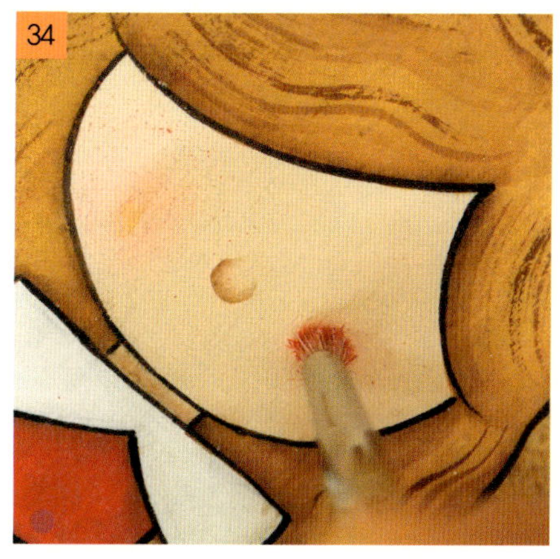 

33. 앵글붓에 아크릴 물감 Cinnamon Brown을 묻힌 뒤 코를 그립니다.

34. 스텐실붓에 아크릴 물감 Christmas Red를 묻힌 뒤 키친타월에 적당히 찍어 낸 후 볼 터치를 표현합니다.

35. 도트펜에 아크릴 물감 Black을 묻힌 뒤 콕 찍어 눈을 표현합니다.

36. 220C 샌드페이퍼로 오너먼트의 각진 부분을 나무 색이 보일 정도로 샌딩합니다.

37. 입체 팔에 목공 풀을 펴 바른 뒤 몸체에 붙입니다.

38. 오너먼트와 휴지꽂이대에 매트 바니쉬를 바릅니다.

39. 오너먼트의 발바닥에 목공 풀을 펴 바른 뒤 휴지꽂이대에 붙입니다.

반제 구입처 : http://cafe.naver.com/ggumjangi

재료 및 도구 : 220C 샌드페이퍼, 평붓, 앵글붓, 둥근붓, 세필붓, 매트 바니쉬, 먹지, 펜, 도트펜, 스텐실붓

사용 물감 : 우드스테인 – Chocolate Chip ●, 아크릴 물감 – Butter Milk ○, White ○, Navy Blue ●, Orange ●, Antique Gold ●, Cinnamon Brown ●, Burnt Umber ●, Colonial Blue ●, Christmas Red ●, Black ●, American Turkey ●, Cherry Pink ●

01. 반제 전체 면을 220C 샌드페이퍼로 샌딩합니다.

02. 밑색인 우드스테인 Chocolate Chip으로 나뭇결 방향과 같이 전체를 칠합니다.

03. 아크릴 물감 Butter Milk와 White를 섞은 색으로 앞면을 칠합니다.

04. 220C 샌드페이퍼로 전체 면을 결이 보이는 정도로 가볍게 샌딩합니다.

05. 밑그림 아래에 먹지를 댑니다.(214쪽 도안 참고)

06. 펜을 이용하여 반제 위에 밑그림을 옮겨 그립니다.

07. 둥근붓을 이용하여 윗옷 팔 부분과 키친타월은 White로 칠하고 리본과 팔 부분을 제외한 옷은 White에 약간의 Navy Blue를 섞어 칠합니다.

08. 머리는 Orange로 칠하고 곰은 Antique Gold와 Cinnamon Brown을 섞어 칠합니다.

09. 앵글붓에 Burnt Umber를 블렌딩하여 키친타월 가장자리를 셰이딩합니다.

10. 얼굴 부분을 셰이딩합니다.

11. 윗옷 팔 바깥쪽 부분을 앵글붓으로 셰이딩합니다.

12. 곰돌이 전체 부위에 White로 하이라이트를 줍니다.

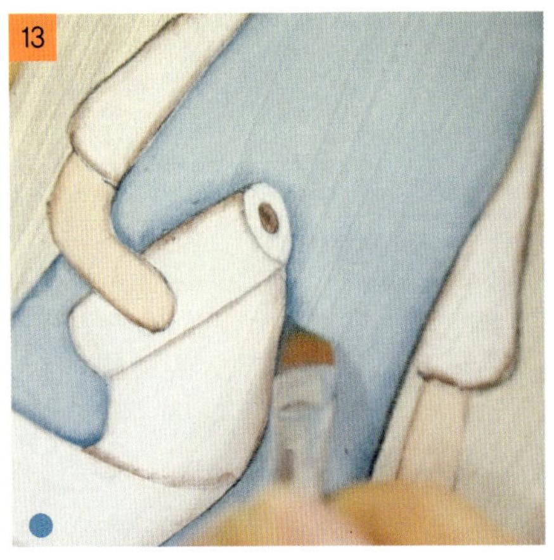

13. 여아 원피스에 Colonial Blue를 블렌딩하여 셰이딩합니다.

14. 둥근붓에 Christmas Red를 문혀 양말에 줄무늬를 표현합니다.

15. 양말을 Burnt Umber로 셰이딩합니다.

16. 벌의 몸통은 Black과 Antique Gold를 번갈아 줄무늬로 칠합니다. 날개는 White로 칠한 뒤 Cinnamon Brown으로 셰이딩합니다.

17. 벌의 몸통 위쪽을 White를 이용하여 하이라이트를 표현합니다.

18. 가는 도트펜으로 점을 찍어 벌의 눈을 표현합니다.

19. 스텐실붓에 Christmas Red를 묻힌 뒤 볼 터치를 표현합니다.

20. 가는 도트펜에 Black을 묻힌 뒤 찍어 여아의 눈을 표현합니다.

21. 둥근붓 1호에 Black을 묻혀 입을 그립니다. 입과 같이 가는 선은 되도록 한 번에 긋는 것이 좋습니다.

22. 도트펜에 White를 묻혀 입꼬리 부분에 포인트를 줍니다.

23. 도트펜에 Black을 묻힌 뒤 찍어 곰돌이의 눈을 표현합니다.

24. 세필붓으로 곰돌이의 코 아래쪽에 인중을 그립니다.

25. 붓의 뒤 끝에 White를 묻힌 뒤 여아 옷에 도트 무늬를 표현하는데, 이때 도트펜을 이용해도 됩니다.

26. 세필붓에 White와 Black을 섞은 색을 묻혀 키친타월의 절취선을 표현합니다.

27. 평붓에 Black을 묻혀 체크무늬로 칠합니다.

28. 앵글붓에 Cinnamon Brown을 묻혀 체크무늬를 셰이딩합니다.

29. 둥근붓 0호에 Black을 묻힌 뒤 그림의 테두리 라인을 그립니다.

30. 둥근붓에 American Turkey를 묻힌 뒤 Happy Day라고 씁니다.

31. 둥근붓에 Cherry Pink를 묻힌 뒤 하트를 그려 글씨를 꾸밉니다.

32. 220C 샌드페이퍼로 키친타월 걸이 모서리를 나무 색이 보일 정도로 샌딩합니다.

33. 평붓에 매트 바니쉬를 묻혀 전체 면을 바릅니다.

Reference : 도트펜으로 패턴 그리기

도트 패턴 찍을 면의 크기에 따라 크게 또는 작게 찍습니다. 또한 도트와 도트의 간격도 면의 크기에 따라 결정합니다. 작은 면에서는 간격을 좁게 하고 큰 면에서는 간격을 넓게 하는 것이 좋습니다. 도트 패턴은 아주 큰 면에는 잘 어울리지 않아 주로 작은 면에 찍습니다. 아래에 도트 패턴을 잘 찍는 방법을 소개합니다.

첫 번째 도트와 두 번째 도트는 거리를 두고 찍고 세 번째 도트는 첫 번째와 두 번째 사이에 오도록 하여 삼각형으로 찍으면 좋습니다. 삼각형 형태를 바로 표현하기 힘들 경우에는 연필로 미리 표시해 두어도 됩니다.
이때 중요한 것은 물감을 충전한 후 두 번 이상 찍으면 도트의 크기가 달라질 수 있으므로 도트 크기를 일정하게 유지하기 위해서는 꼭 한두 번 찍은 후 바로 충전하여 찍어야 한다는 것입니다.

반제 구입처 : http://cafe.naver.com/ggumjangi

재료 및 도구 : 220C 샌드페이퍼, 연필, 종이, 평붓, 앵글붓, 세필붓, 둥근붓, 콤붓, 흰색 색연필, 팔레트, 스텐실붓, 냅킨 타월, 매트 바니쉬

사용 물감 : 우드스테인 – Chocolate Chip ●, 아크릴 물감 – White ○, Dusty Pink ●, Cinnamon Brown ●, Primary Yellow ●, Navy Blue ●, Burnt Umber ●, Header Blue ●, Black ●, Forest Green ●, Holy Bush ●, Leaf Green ●

01. 스위치 커버 반제 전체 면을 220C 샌드페이퍼로 샌딩합니다.

02. 스위치 커버 문의 크기에 맞추어 밑그림을 그립니다.(215쪽 도안 참고)

03. 아크릴 물감 Dusty Pink로 스위치 커버 반제 옆면, 안쪽 면, 윗면을 나뭇결과 같은 방향으로 칠합니다.

04. 스위치 커버 문의 옆면을 우드스테인 Chocolate Chip으로 칠합니다.

05. 스위치 커버 문의 앞면을 우드스테인 Chocolate Chip을 이용하여 나뭇결 방향으로 칠합니다.

06. 아크릴 물감 Navy Blue와 Burnt Umber를 섞어 베이스 색으로 칠합니다.

07. 베이스 색이 마른 후 스케치한 밑그림을 보고 흰색 색연필로 그립니다.

08. 콤붓에 아크릴 물감 Header Blue를 묻힌 뒤 가로세로 방향으로 가볍게 터치하여 캔버스의 느낌을 줍니다.

09. 세필붓에 아크릴 물감 Primary Yellow를 묻혀 초승달을 칠합니다.

10. 건물의 지붕은 아크릴 물감 Black으로 칠하고 벽면과 울타리는 아크릴 물감 White로 칠합니다.

11. 평붓 5호의 한쪽 끝에 아크릴 물감 Forest Green을 묻힙니다.

12. 평붓의 다른 한쪽 끝에 아크릴 물감 Holy Bush를 묻힙니다.

13. 붓을 팔레트 위에 대고 사이드 로딩합니다.

14. 사이드 로딩한 아크릴 물감으로 언덕을 표현합니다.

15. 자연스러운 그러데이션을 표현할 수 있도록 여러 번 붓질합니다.

16. 둥근붓 2호에 아크릴 물감 Cinnamon Brown을 묻혀 나무 기둥을 칠합니다.

17. 아크릴 물감 Cinnamon Brown과 Holy Bush를 섞어 나무를 칠합니다.

18. 스텐실붓에 아크릴 물감 Leaf Green을 묻힌 뒤 냅킨 타월에 여러 번 찍어 붓 터치 느낌이 나도록 합니다.

19. 스텐실붓으로 나뭇잎 위를 톡톡 쳐서 나뭇잎처럼 표현합니다.

20. 언덕 위의 풀밭도 같은 방법으로 표현합니다.

21. 아크릴 물감 Black으로 문을 표현합니다.

22. 아크릴 물감 Black으로 창문을 표현합니다.

23. 아크릴 물감 Primary Yellow로 건물의 별을 표현합니다.

24. 달 주위를 Cinnamon Brown으로 세이딩합니다.

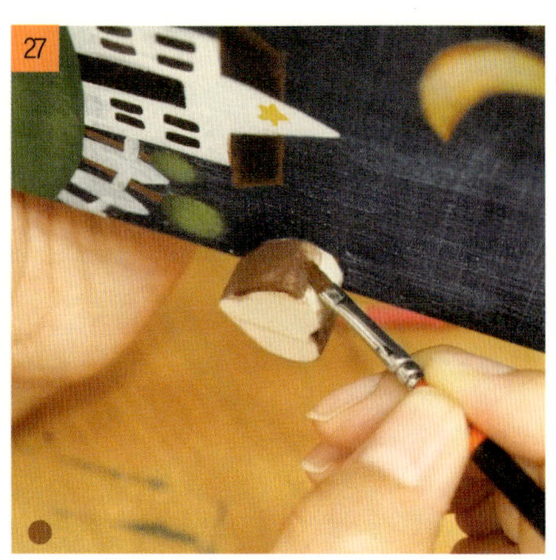

25. 스텐실붓에 아크릴 물감 White를 묻힌 뒤 색을 옅게 하여 초승달 중앙에 하이라이트를 표현합니다.

26. 건물의 지붕을 Cinnamon Brown으로 셰이딩합니다.

27. 아크릴 물감 Cinnamon Brown으로 스위치 커버 하트 손잡이 옆면을 칠합니다.

28. 같은 색으로 하트 손잡이의 앞면을 나뭇결 방향대로 칠합니다.

29. 스위치 커버 문의 옆면을 220C 샌드페이퍼로 샌딩합니다.

30. 매트 바니쉬가 뭉치지 않도록 펴 바릅니다.

Tip : 빈티지 효과를 주는 샌딩 방법

밑칠 후 샌딩을 하면 작품의 질을 높일 수 있습니다. 많은 수강생들이 빈티지 효과를 줄 때 어디에 샌딩하는 것이 좋은지 묻곤 합니다. 여기에서는 일반적인 샌딩 위치를 알아보도록 합니다. 작품의 모서리 각을 잘 찾는 것이 샌딩의 중요 포인트입니다.

1. 밑칠이 되어 있는 면을 매끄럽게 샌딩합니다. 그림에 채색되어 있을 경우에는 샌딩하지 않습니다.
2. 모서리 부분을 나무 색이 보일 정도로 샌딩합니다
3. 옆쪽 모서리를 샌딩합니다.

4. 위쪽 모서리를 샌딩합니다
5. 세 모서리가 만나는 지점은 뭉툭해질 정도로 많이 샌딩합니다.
6. 홈이 파인 곳의 모서리도 샌딩합니다.

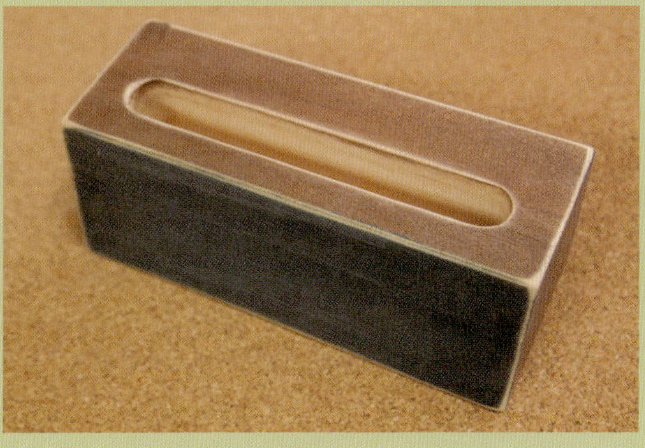

반제 구입처 : http://cafe.naver.com/ggumjangi

오너먼트 : http://cafe.naver.com/47060234

재료 및 도구 : 220C 샌드페이퍼, 평붓, 해면 스펀지, 앵글붓, 바니쉬, 초크 페인트, 목공 풀

사용 물감 : 아크릴 물감 – American Turkey ●, Cinnamon Brown ●, Cherry Pink ●, Christmas Red ●, Black ●, Primary Yellow ●, 초크 페인트 – Black ●

01. 메모판 전체와 오너먼트를 220C 샌드페이퍼로 샌딩합니다.

02. 아크릴 물감 Christmas Red와 Cinnamon Brown을 섞어 칠합니다.

03. 아크릴 물감 Black을 덧칠합니다.

04. 코너를 아크릴 물감이 완전히 마르기 전에 해면 스펀지를 이용하여 베이스
색이 보일 정도로 닦습니다.

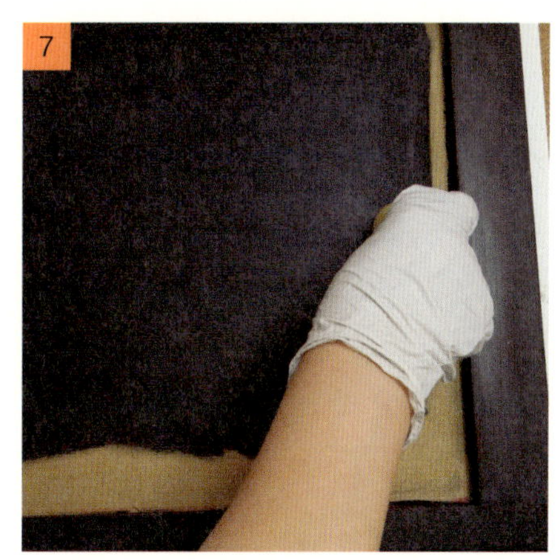

05. 면 곳곳을 베이스 색이 보일 정도로 해면 스펀지로 닦습니다.

06. 초크 페인트를 준비합니다.

07. MDF 표면을 해면 스펀지로 문지르듯이 칠합니다.

08. 초크 페인트가 마르기 전에 가로세로로 가볍게 쓸어 줍니다.

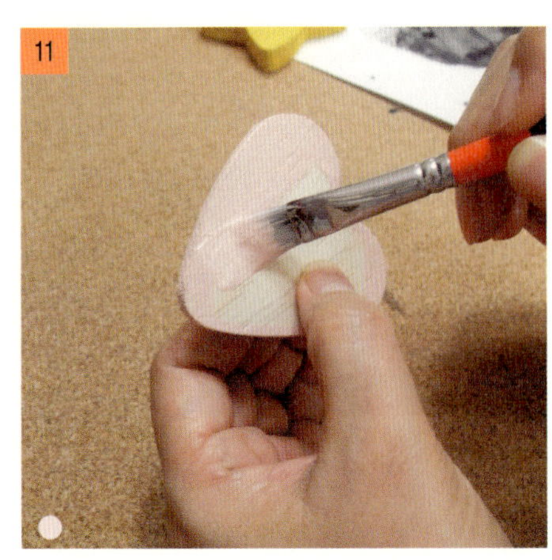

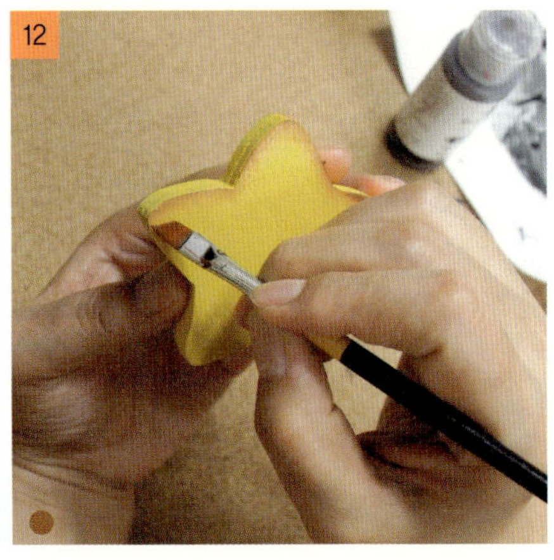

09. 구석 쪽은 평붓으로 칠합니다.

10. 평붓에 아크릴 물감 Primary Yellow를 묻혀 별 오너먼트를 칠합니다.

11. 평붓에 아크릴 물감 Cherry Pink를 묻혀 하트 오너먼트를 칠합니다.

12. 앵글붓에 아크릴 물감 Cinnamon Brown을 묻혀 별 오너먼트의 바깥쪽을 셰이딩합니다.

13. 하트 오너먼트도 같은 방법으로 셰이딩합니다.

14. 메모판 윗부분에 아크릴 물감 American Turkey로 I를 쓴 후 하트 오너먼트 의 위치를 잡습니다.

15. 하트 오너먼트 오른쪽에 나머지 글씨를 씁니다.

16. 220C 샌드페이퍼로 하트 오너먼트의 코너를 샌딩합니다.

17. 하트 오너먼트 뒤쪽에 목공 풀을 펴 발라 붙입니다.

18. 별 오너먼트 아래쪽 두 곳에 목공 풀을 펴 발라 메모판 우측 하단에 붙입니다.

19. 바니쉬를 발라 마감합니다.

반제 구입처 : http://www.countrywood.co.kr

재료 및 도구 : 220C 샌드페이퍼, 평붓, 앵글붓, 스텐실붓, 둥근붓, 도트펜, 폰트 숫자, 디자인 커터, 도화지, 송곳, 투명 필름지

사용 물감 : 우드스테인 – Chocolate Chip ●, 아크릴 물감 – Holy Bush ●, Cinnamon Brown ●, Orange ●, Christmas Red ●, Primary Yellow ●, White ○, Forest Green ●, Butter Milk ○, Burnt Umber ●, Black ●

01. 220C 샌드페이퍼로 시계 반제 표면을 샌딩합니다.

02. 우드스테인 Chocolate Chip으로 밑색을 칠합니다.

03. Holy Bush와 Cinnamon Brown을 섞어 밑색 위에 칠합니다.

04. 220C 샌드페이퍼로 시계 반제의 코너를 원목 색이 보일 정도로 샌딩하고
시계 반제의 표면은 베이스 색만 벗겨 내듯 사포질하여 나뭇결이 살짝 보이
도록 합니다.

 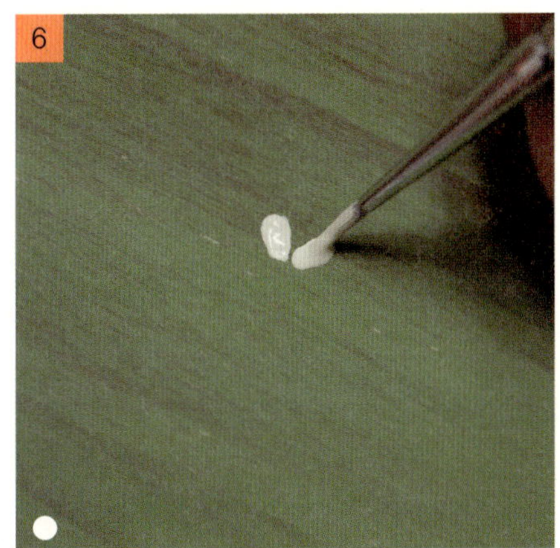 

05. 둥근붓에 아크릴 물감 White를 묻힌 뒤 가볍게 눌러 물방울 모양의 꽃잎을
그립니다.

06. 위와 같은 방법으로 꽃잎을 하나 더 그립니다.

07. 5시 방향에 세 번째 꽃잎을 그립니다.

08. 첫 번째 꽃잎 옆 10시 방향에 꽃잎을 그립니다.

09. 07에서 그린 꽃잎과 08에서 그린 꽃잎 사이에 다섯 번째 꽃잎을 그립니다.

10. 흰색 꽃잎 사이사이에 아크릴 물감 Orange와 Christmas Red를 섞은 색으로 꽃잎을 표현합니다.

11. 아크릴 물감 Orange로 꽃잎 5장짜리 꽃과 3장짜리 꽃을 그려 배치합니다.

12. 아크릴 물감 Orange와 White를 섞어 좀 더 작게 꽃잎을 그립니다.

13. 둥근붓에 아크릴 물감 White를 묻혀 흩날리는 꽃잎을 표현합니다.

14. 아크릴 물감 Christmas Red를 묻힌 둥근붓으로 꽃들이 뭉쳐 있는 곳 사이사이에 꽃잎을 그려 넣어 포인트를 줍니다.

15. 도트펜에 아크릴 물감 Primary Yellow를 묻힌 뒤 꽃잎 중앙에 찍어 꽃술을 표현합니다.

16. 도트펜에 아크릴 물감 White를 묻혀 크고 작은 꽃술을 표현합니다.

17. 도트펜에 아크릴 물감 White를 묻힌 뒤 꽃 주위를 장식합니다.

18. 둥근붓에 아크릴 물감 Forest Green을 묻혀 붓 끝을 가볍게 눌렀다 드는 느낌으로 터치하며 꽃잎을 표현합니다.

19. 둥근붓 0호나 1호에 아크릴 물감 Butter Milk를 묻힌 뒤 시계 원을 따라 스티치를 그립니다.

20. 앵글붓에 아크릴 물감 Black을 묻혀 꽃 바깥쪽에 그림자를 표현합니다.

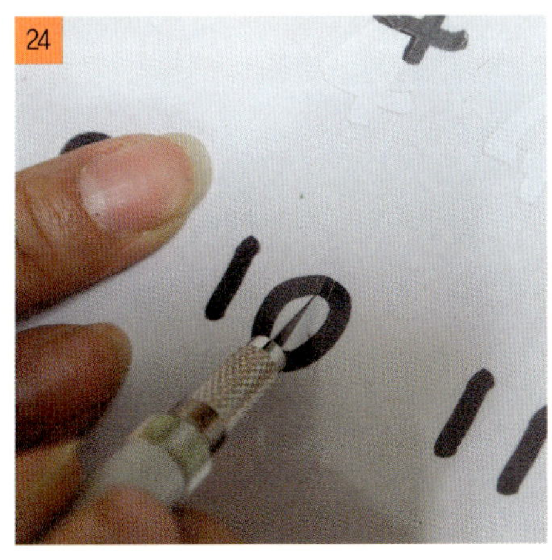

21. 한 덩어리의 느낌이 들도록 꽃 전체에 Burnt Umber로 셰이딩합니다.

22. 시계 원을 따라 같은 색으로 셰이딩합니다.

23. 폰트 숫자를 이용하여 스텐실 숫자판을 만든 뒤 투명 필름지를 폰트 숫자 위에 올려 고정시키고 디자인 커터로 커팅합니다.

24. 안쪽에 동그라미가 있는 숫자는 바깥쪽 면과 안쪽 면을 이을 수 있는 부분을 남겨 놓고 커팅합니다.

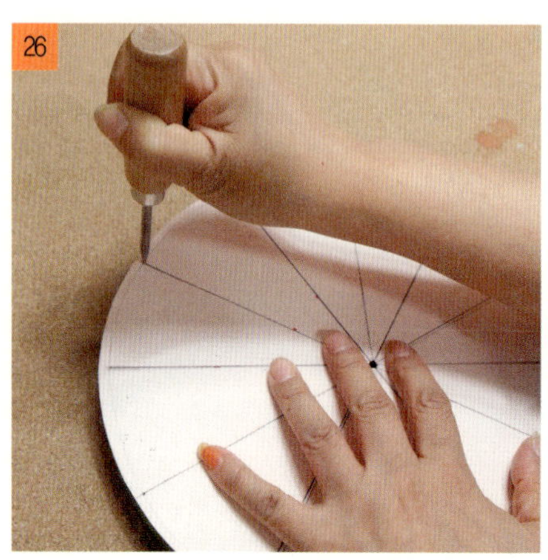

25. 도화지를 시계 반제 원판의 크기와 똑같이 자른 후 원을 12등분하는 선을 긋습니다.(215쪽 도안 참고)

26. 각 시각의 위치를 표시하기 위해 앞의 도화지를 시계 반제 원판 위에 올린 뒤 송곳으로 각 시각 위치에 작은 구멍을 냅니다.

27. 각 시계 반제 원판의 송곳 구멍이 있는 곳에 아크릴 물감 Black을 묻힌 도트 펜으로 점을 찍습니다.

28. 스텐실붓에 아크릴 물감 Black을 묻힌 뒤 투명 필름지를 놓고 두드리듯이 칠합니다.

29. 매트 바니쉬를 바르고 완전히 마른 후 시계 뒷면 홈에 시계 부속품 중 검은
색 고무 패킹을 맞추어 끼웁니다.

30. 무브먼트를 홈에 끼웁니다.

31. 시계 앞쪽 중앙에 시곗바늘 고정 링을 끼운 뒤 조입니다.

32. 먼저 시침을 끼웁니다.

33. 그다음 분침을 끼웁니다.

34. 마지막으로 초침을 끼웁니다.

반제 구입처 : http://cafe.naver.com/ggumjangi

재료 및 도구 : 220C 샌드페이퍼, 평붓, 스펀지, 앵글붓, 둥근붓, 세필붓, 바니쉬, 헤어드라이어, 네임펜, 트레이싱 페이퍼, 먹지, 셀로판테이프, 펜, 도트펜, 스텐실붓

사용 물감 : 우드스테인 – Chocolate Chip ●, 아크릴 물감 – Butter Milk ○, Teddy Bear ○, Holy Bush ●, Burnt Umber ●, Christmas Red ●, Cinnamon Brown ●, White ○, Black ●

  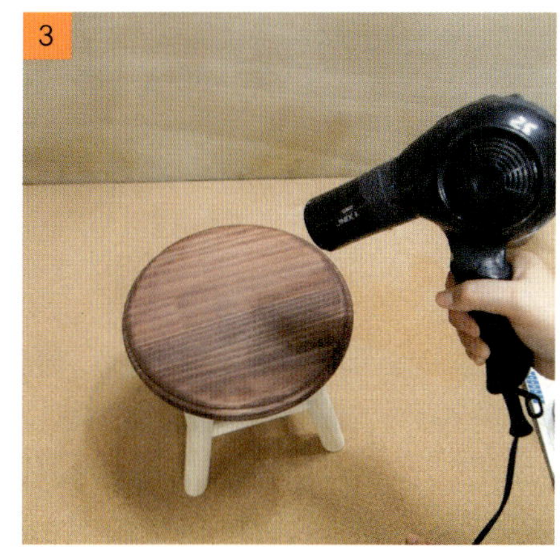

01. 220C 샌드페이퍼로 의자 전체를 샌딩합니다.

02. 우드스테인 Chocolate Chip으로 의자의 상판을 칠합니다.

03. 헤어드라이어로 아크릴 물감을 말립니다.

04. 네임펜을 이용하여 밑그림을 트레이싱 페이퍼에 옮겨 그립니다.(216쪽 도안 참고)

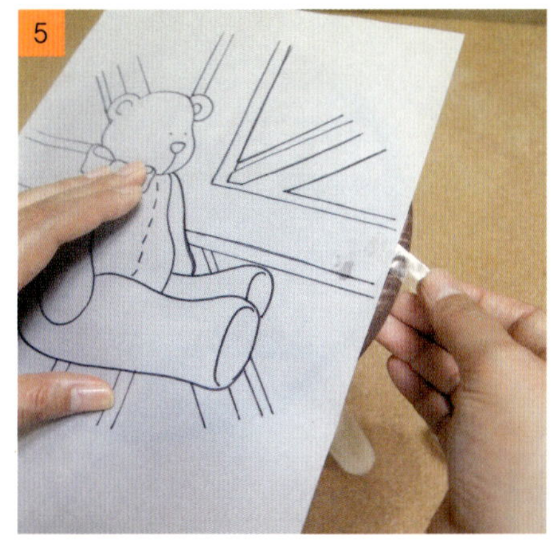  

05. 밑그림 아래에 먹지를 놓고 셀로판테이프로 의자 상판에 붙여 고정시킵니다.

06. 고정시킨 밑그림을 따라 펜으로 그림을 그립니다. 도안대로 직접 그려도 됩니다.

07. 아크릴 물감 Butter Milk로 영국 국기의 흰색 부분을 칠합니다.

08. 아크릴 물감 Christmas Red와 Cinnamon Brown을 섞습니다. 이때 Christmas Red를 좀 더 많이 넣습니다.

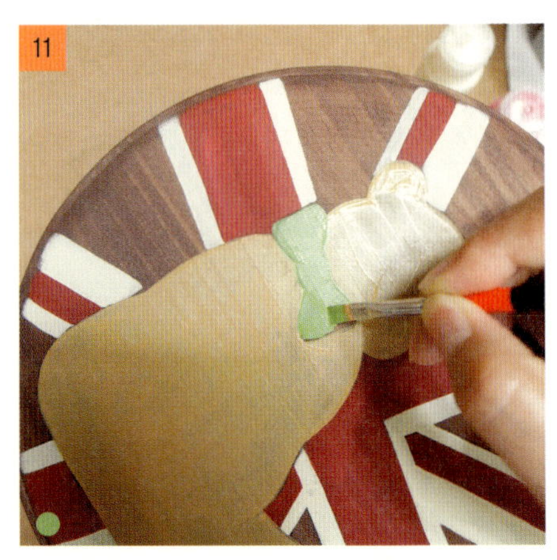

09. 08에서 만든 색으로 위 사진과 같이 영국 국기의 해당 부분에 칠합니다.

10. 곰을 아크릴 물감 Teddy Bear로 칠합니다.

11. 곰의 목에 있는 리본을 아크릴 물감 Holy Bush로 칠합니다.

12. 앵글붓에 아크릴 물감 Cinnamon Brown을 블렌딩하여 곰의 전체 형태에 셰이딩합니다.

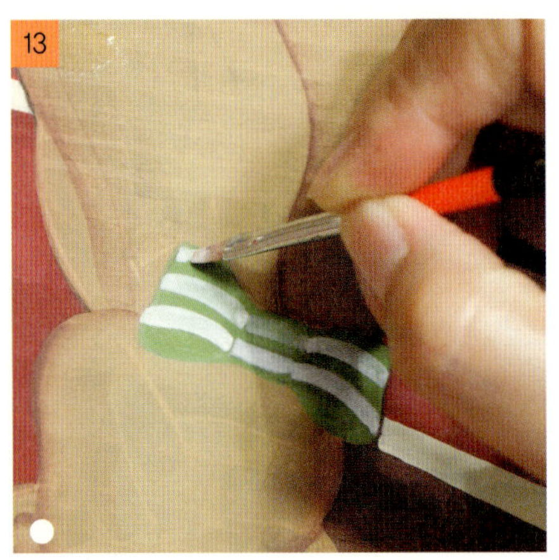

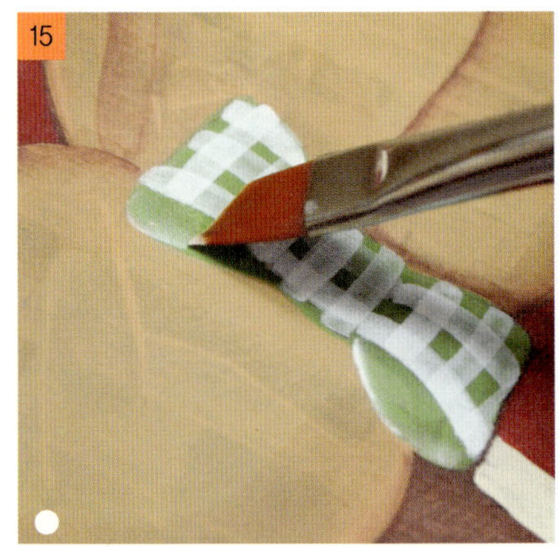

13. 평붓 1호를 이용하여 아크릴 물감 White로 간격을 두고 가로선을 긋습니다.

14. 가로선이 마른 후 세로선을 긋습니다.

15. 앵글붓에 아크릴 물감 White를 묻힌 뒤 리본에 하이라이트를 표현하여 입체 효과를 줍니다.

16. 앵글붓에 아크릴 물감 Burnt Umber를 묻힌 뒤 곰 형태 바깥쪽을 셰이딩합니다.

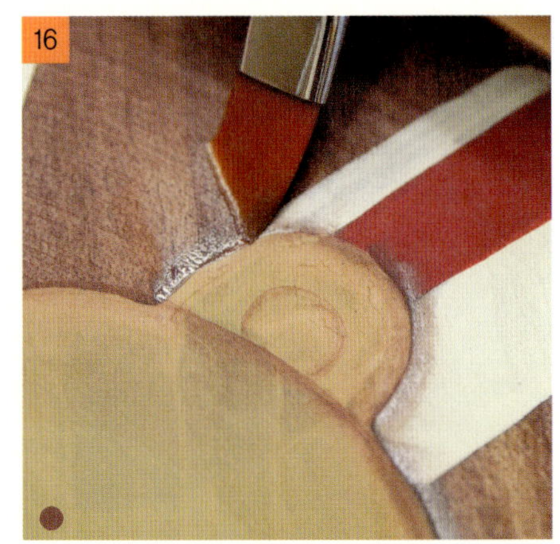

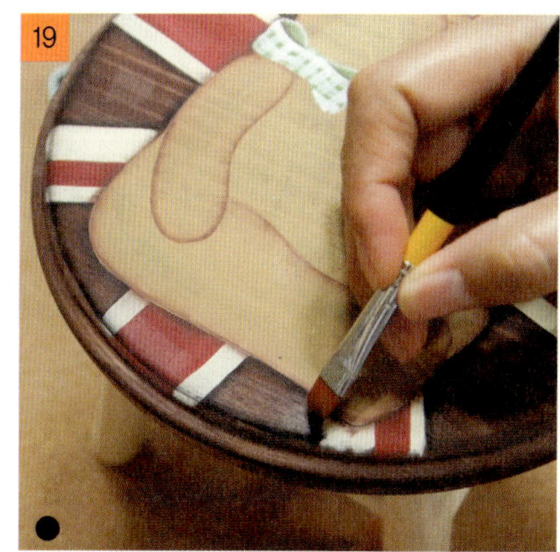

17. 앵글붓에 아크릴 물감 Burnt Umber를 묻힌 뒤 리본 안쪽을 셰이딩합니다.

18. 영국 국기의 흰색 테두리 바깥쪽을 아크릴 물감 Black으로 셰이딩합니다.

19. 의자 전체 외곽을 아크릴 물감 Black으로 셰이딩합니다.

20. 아크릴 물감 Black으로 곰돌이의 코를 역삼각형으로 그립니다.

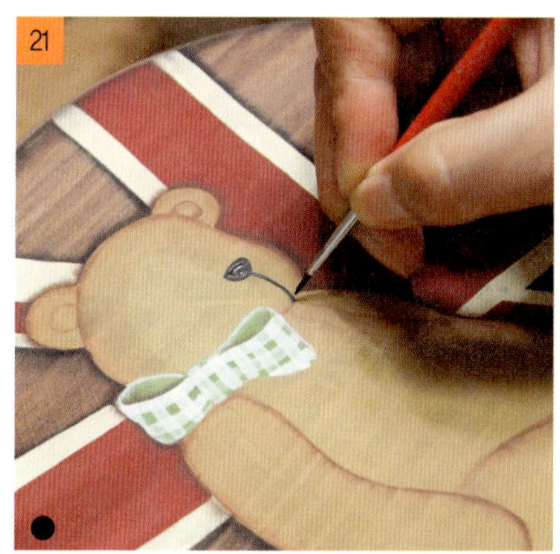

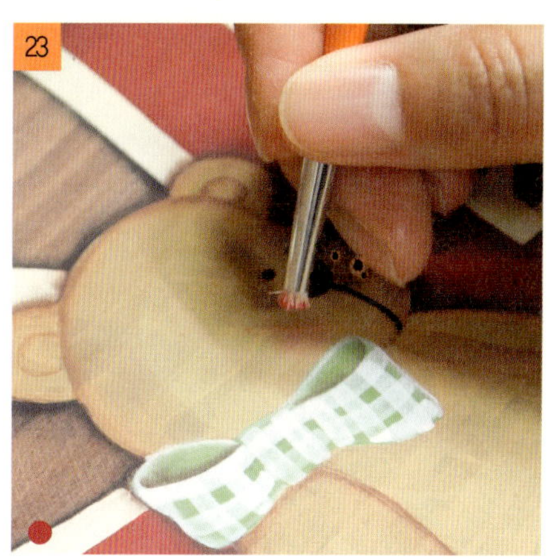

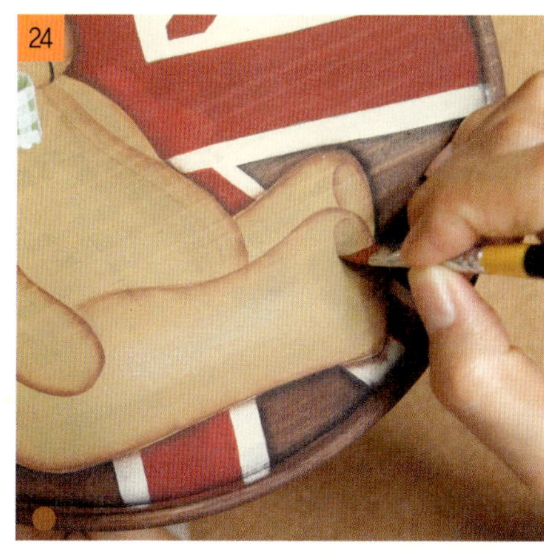

21. 곰돌이의 코에서 입으로 내려오는 세로선을 긋습니다.

22. 도트펜에 아크릴 물감 Black을 묻혀 눈을 표현합니다.

23. 스텐실붓에 아크릴 물감 Christmas Red를 묻혀 볼 터치를 표현합니다.

24. 앵글붓에 아크릴 물감 Cinnamon Brown을 묻혀 곰의 발바닥을 표현합니다.

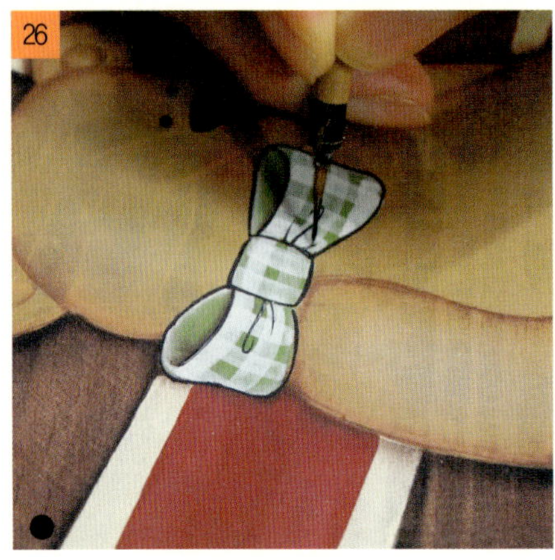

25. 스텐실붓에 아크릴 물감 White를 묻혀 하이라이트를 표현합니다.

26. 세필붓을 이용하여 리본의 라인을 선명하게 그립니다.

27. 아크릴 물감 Black으로 곰의 형태 라인을 그립니다.

28. 둥근붓 1호를 이용하여 곰의 배에 바느질 선을 그립니다.

29. 220C 샌드페이퍼로 의자의 코너와 국기의 표면을 샌딩하여 빈티지 효과를 줍니다.

30. 바니쉬를 발라 마감합니다.

Reference : 채색 수정 요령

면봉에 물을 묻혀 수정할 부분을
문질러 닦습니다. 이때 밑색이 많
이 벗겨질 경우 다시 밑색을 칠하
고 마른 후 칠합니다.

Lesson 10. 만년 달력

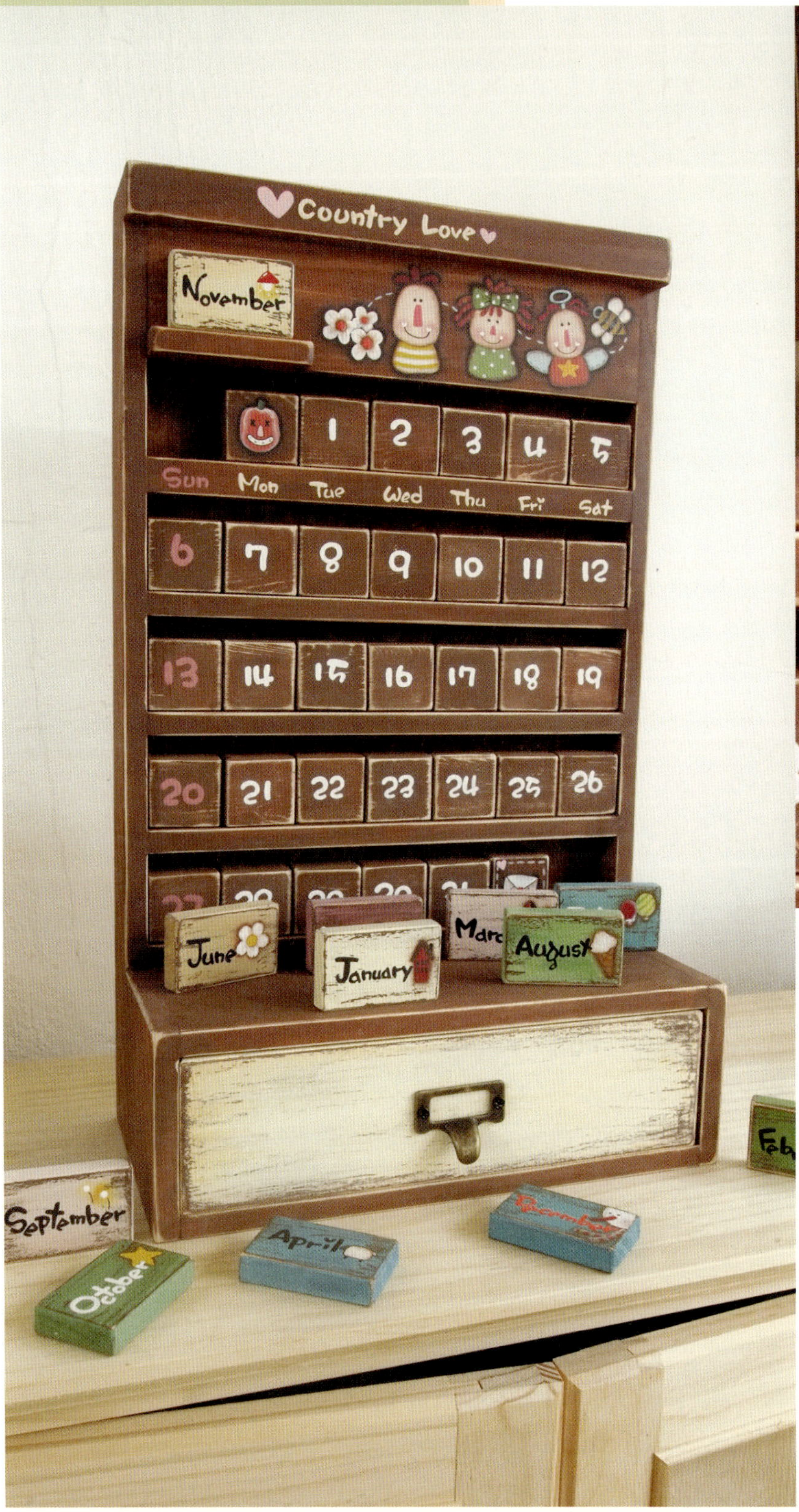

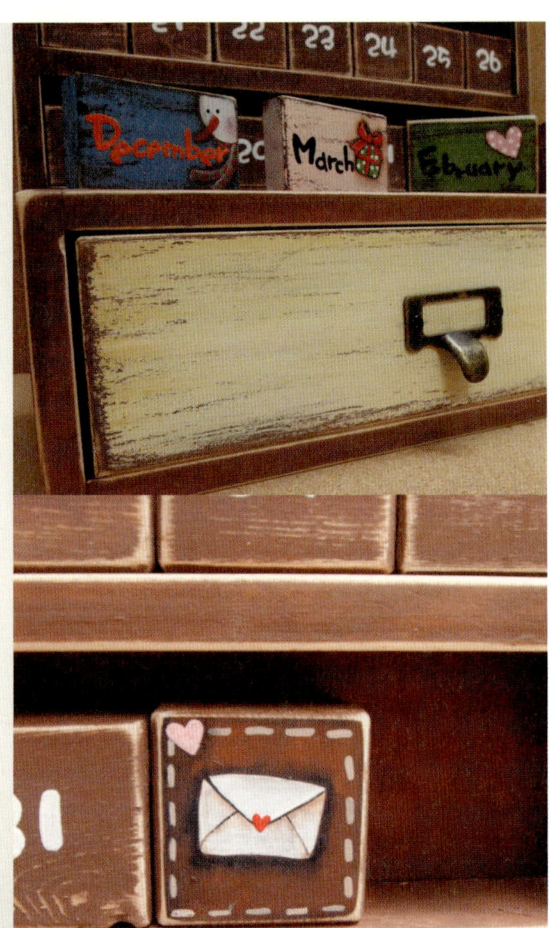

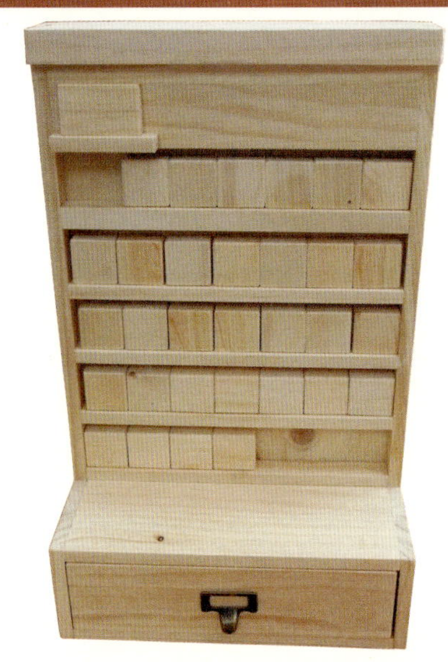

반제 구입처 : http://cafe.naver.com/ggumjangi

재료 및 도구 : 220C 샌드페이퍼, 드라이버, 평붓, 양초, 앵글붓, 스텐실붓, 세필붓, 둥근붓, 도트펜, 연필, 흰색 색연필, 바니쉬

사용 물감 : 우드스테인 – 플랫 페인트 ●, 아크릴 물감 – Burnt Umber ●, Cinnamon Brown ●, Butter Milk ●, White ●, Black ●, Leaf Green ●, Dusty Pink ●, Primary Yellow ●, Cherry Pink ●, Orange ●, Holy Bush ●, Christmas Red ●, Navy Blue ●, Antique Gold ●

01. 쉽게 채색할 수 있도록 드라이버로 달력 반제에 붙어 있는 부품을 뗍니다.

02. 가구 전체 면을 220C 샌드페이퍼로 샌딩합니다.

03. 달력 숫자판과 월 각재들도 꼼꼼히 샌딩합니다.

04. 서랍 앞판의 앞면을 플랫 페인트로 칠합니다. Brown 계열의 Cinnamon
　　Brown이나 Burnt Umber로 칠해도 됩니다.

05. 서랍 앞판의 옆면을 플랫 페인트로 칠합니다.

06. 플랫 페인트로 반제 전체 면을 칠합니다.

07. 숫자판과 월 각재들도 칠합니다.

08. 월 각재 한쪽 면 코너를 양초로 문지르고 면의 사이사이에 선을 여러 개 긋
　　습니다.

09. 1월 각재에 Butter Milk를 칠합니다.

10. 다른 월 각재에도 각각의 파스텔 톤 색을 칠합니다.

11. 각 월 각재의 색보다 진한 색 물감을 조금 묻힌 뒤 가볍게 붓 터치를 합니다.(드라이 브러시 효과)

12. 물감이 마른 후 양초를 문지른 부분을 220C 샌드페이퍼로 가볍게 샌딩합니다.

13. 일 각재의 코너와 면을 나뭇결이 보이도록 샌딩합니다.

14. 양초로 서랍 앞판 앞면의 바깥쪽을 자연스럽게 선을 긋듯 문지릅니다.

15. 서랍 앞판 앞면에 Butter Milk를 칠합니다.

16. Antique Gold를 묻힌 붓으로 거친 느낌이 들도록 투 톤으로 스치듯 붓질합니다.(드라이 브러시 효과)

17. 220C 샌드페이퍼로 본체 각각의 모서리와 면을 샌딩합니다.

18. 220C 샌드페이퍼로 양초로 문지른 앞판의 밑색이 보일 정도로 가볍게 샌딩합니다.

19. 떼어 냈던 부품을 다시 조립합니다.

20. 월 밑그림과 어울릴 바탕을 고려하여 월별 각재를 나열해 보고 월 주제에 맞는 소재를 스케치합니다.

21. 스케치를 토대로 월별 각재에 글씨를 쓰고 그림을 그립니다.(217쪽 도안 참고)

22. 어울리는 색으로 글씨를 쓴 후 스케치한 소재의 밑색을 칠합니다. 여기에서는 Christmas Red로 집을, Burnt Umber로 지붕을 칠했습니다.

23. Black으로 창문과 굴뚝을 칠합니다.

24. Cinnamon Brown으로 집 주위를 셰이딩합니다. 나머지 달 각재는 다음 샘플을 참고하여 그립니다.

January

February

March

April

May

June

July

August

25. 일 각재에 White를 묻힌 둥근붓 1호로 1부터 31까지 씁니다.

26. Dusty Pink로 일 각재 뒷면에 앞면과 같은 숫자를 씁니다.(휴일 날짜로 이용)

27. 여유분 오너먼트 각재에 밑그림을 그립니다.

28. Orange로 호박 면을 칠하고 Holy Bush로 호박 꼭지 면을 칠합니다.

29. Black으로 눈을 표현합니다.

30. Cherry Pink로 코를 표현합니다.

31. White로 입을 표현합니다.

32. Black으로 호박 테두리 바깥쪽을 셰이딩합니다.

  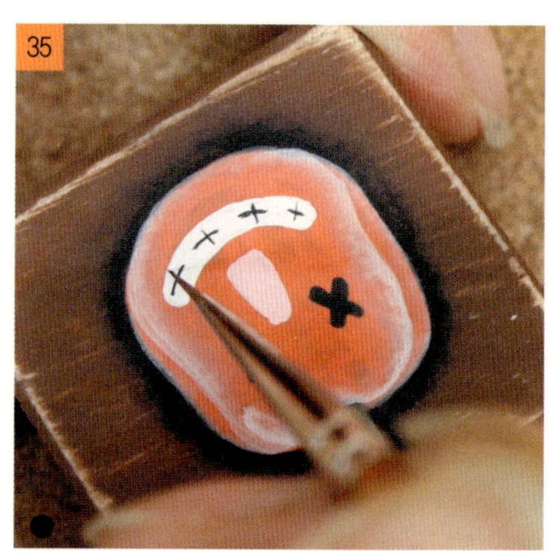

33. 호박 꼭지에 Burnt Umber로 블렌딩하여 셰이딩합니다.

34. White로 호박에 하이라이트를 표현합니다.

35. 세필붓에 Black을 묻혀 이빨을 표현합니다.

36. 세필붓에 Black을 묻혀 코와 입 라인을 그립니다.

37. 엽서도 그렸습니다. 여러분도 각자 마음에 드는 그림을 그려 보세요.

38. 흰색 색연필로 달력 본체 윗면에 밑그림을 그립니다.

39. 밑그림의 얼굴들을 Flesh Chair로 칠합니다.

40. 밑그림의 옷 부분을 Primary Yellow, Leaf Green, Orange로 칠합니다.

41. Christmas Red와 Cinnamon Brown을 섞은 색으로 남아 캐릭터의 머리를 칠합니다.

42. Christmas Red와 Cinnamon Brown을 위와 다른 비율로 섞어 다른 남아 캐릭터의 머리를 칠합니다.

43. 비율을 달리하여 섞은 색으로 천사 캐릭터의 머리카락을 칠하여 세 캐릭터 의 머리카락 색을 각각 다르게 합니다.

44. Holy Bush로 리본의 밑색을 칠합니다.

45. White와 Navy Blue를 섞은 색으로 천사의 링을 칠합니다.

46. 같은 색으로 천사의 날개를 칠합니다.

47. Primary Yellow로 천사 캐릭터의 옷에 별을 그립니다.

48. White로 남자 캐릭터의 옷에 줄무늬를 그립니다.

49. Christmas Red와 White를 섞은 색으로 코를 표현합니다.

50. 도트펜에 Black을 묻혀 눈을 표현합니다.

51. 스텐실붓에 Christmas Red를 묻힌 뒤 적당히 찍어 볼 터치를 표현합니다.

52. 세필붓에 Black을 묻혀 입을 표현합니다.

53. 도트펜에 White를 묻힌 뒤 입가에 하트를 그려 장식합니다.

54. 앵글붓에 Cinnamon Brown을 블렌딩한 후 얼굴과 옷에 셰이딩합니다.

55. Black으로 캐릭터의 아우트라인에 셰이딩합니다.

56. Cinnamon Brown으로 여아 캐릭터를 셰이딩합니다.

57. 도트펜에 White를 묻혀 여아 캐릭터의 옷과 리본에 무늬를 표현합니다.

58. Cinnamon Brown으로 리본을 셰이딩합니다.

59. 도트펜에 Black을 묻혀 여아 캐릭터의 눈을 표현합니다.

60. 스텐실붓에 Christmas Red를 묻혀 볼 터치를 표현합니다.

61. 세필붓에 Black을 묻혀 입을 그리고 도트펜에 White를 묻혀 입 라인 끝 부분을 장식합니다.

62. 앵글붓에 Black을 묻혀 여아 캐릭터의 전체 아우트라인을 셰이딩합니다.

63. 세필붓에 Black을 묻혀 여아 캐릭터의 리본에 라인을 그립니다.

64. 세필붓에 Black을 묻혀 리본 주름을 표현합니다.

65. 세필붓에 Antique Gold를 묻혀 머리의 웨이브를 표현합니다.

66. 도트펜에 Black을 묻혀 눈동자를 표현합니다.

67. 스텐실붓에 Christmas Red를 묻혀 적당히 닦은 후 찍어 볼 터치를 표현합니다.

68. 세필붓에 Black을 묻혀 입을 그리고 도트펜에 White를 묻혀 입 라인 끝 부분을 하트로 장식합니다.

69. 천사 캐릭터의 날개에 Navy Blue로 스티치를 그려 장식합니다.

70. 앵글붓에 Cinnamon Brown을 묻혀 천사 캐릭터 전체를 셰이딩합니다.

71. 앵글붓에 Black을 묻혀 천사 캐릭터의 전체 아우트라인을 셰이딩합니다.

72. 둥근붓에 White를 묻혀 꽃잎을 칠합니다.

73. 도트펜에 Orange를 묻힌 뒤 꽃잎 가운데를 찍어 꽃술을 표현합니다.

74. 꽃의 아우트라인을 Black으로 셰이딩합니다.

75. 꽃술 주위를 Cinnamon Brown으로 셰이딩합니다.

76. 물의 양을 적절히 하여 꽃의 중앙 쪽에서 바깥쪽으로 선을 그어 꽃잎의 선을
표현합니다.

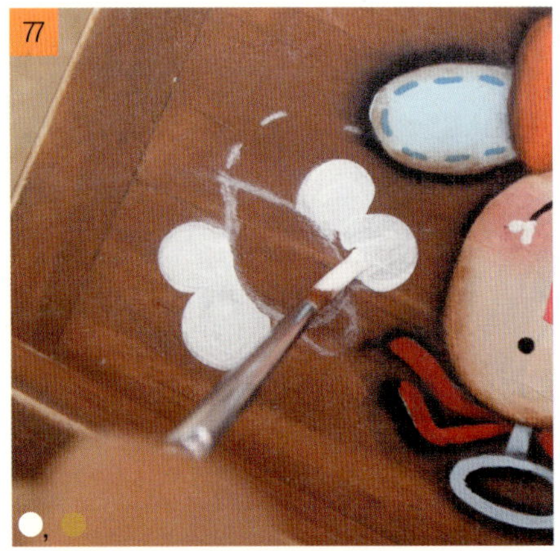

77. White로 벌의 날개를 칠한 뒤 Antique Gold로 벌의 몸통을 칠합니다.

78. Black으로 벌의 머리를 칠합니다.

79. Black으로 벌 몸통의 줄무늬를 그립니다.

80. 앵글붓에 Cinnamon Brown을 묻힌 뒤 날개 끝 쪽을 세이딩합니다.

81. Black으로 벌의 아우트라인을 세이딩합니다.

82. 앵글붓 2호에 White를 묻혀 벌 머리의 하이라이트를 표현합니다.

83. 스텐실붓에 White를 조금 묻히고 닦아 낸 후 좌우로 붓질하여 몸통에 입체
효과를 줍니다.

84. White 곡선 스티치로 벌과 꽃을 연결합니다.

85. 둥근붓에 Butter Milk를 묻힌 뒤 달력 상단에 Country Love라고 씁니다.

86. 둥근붓에 Cherry Pink를 묻힌 뒤 Country Love 앞쪽에 하트 무늬를 그립니다.

87. Country Love 뒤쪽에는 약간 작은 하트 무늬를 그립니다.

88. 일요일은 Dusty Pink로, 평일은 Butter Milk로 달력에 요일 영문 약자를 씁니다.

89. 각재와 본체 등에 매트 바니쉬를 잘 펴 바릅니다.

CHAPTER 4.

상급 과정 — 가구 톨 페인팅

반제 구입처 : http://cafe.naver.com/ggumjangi

재료 및 도구 : 220C 샌드페이퍼, 평붓, 초, 종이테이프, 면봉, 매트 바니쉬

사용 물감 : 우드스테인 – 플랫 페인트 ●, 아크릴 물감 – Butter Milk ○, White ○, Deco Turkey ●, Forest Green ●

01. 공간 박스 반제 전체 면을 220C 샌드페이퍼로 샌딩합니다.

02. 플랫 페인트 속의 용해제와 페인트가 잘 섞이도록 막대로 젓습니다.

03. 평붓에 플랫 페인트를 묻힌 뒤 반제 전체 면을 칠합니다.

04. 플랫 페인트가 마른 후 반제의 각 모서리에 초를 칠합니다.(Reference 참
    고)

Reference : 초칠 과정의 이해

초칠 후 위 색을 칠하고 샌딩하면 보다 자연스럽게 빈티지 효과를 얻을 수 있다는 장점이 있습니다. 강의 중 초칠하
는 위치와 방법을 문의하는 경우가 많아 초칠 과정을 쉽게 설명합니다.

1. 밑 색이 마른 후 모서리 부분부터 문지르듯 초를 칠합니다. 이때 모서리 부분은 초를 많이 칠합니다.
2. 모서리 바깥쪽에서 안쪽 방향으로 펴 바르듯 초를 칠합니다.
3. 면 부분은 여러 차례 선을 긋듯 초를 칠합니다.

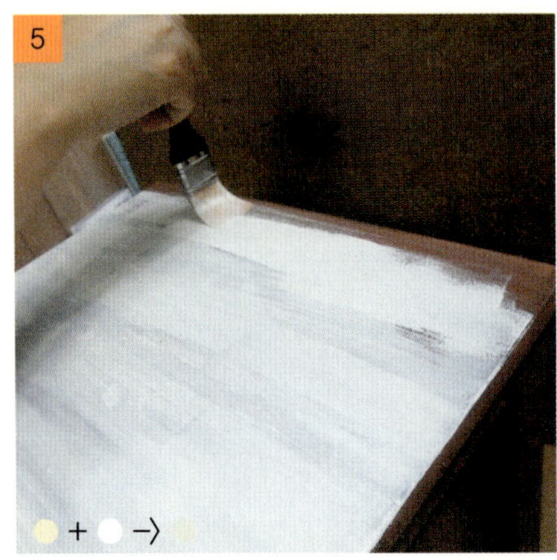

05. 아크릴 물감 Butter Milk와 White를 섞어 공간 박스의 상판을 칠합니다.

06. 같은 색으로 각 프레임을 칠합니다.

07. 아크릴 물감 Deco Turkey와 Forest Green을 섞어 문을 칠합니다.

08. 문 지지대의 측면에 종이테이프를 붙여 물감이 묻지 않도록 합니다.

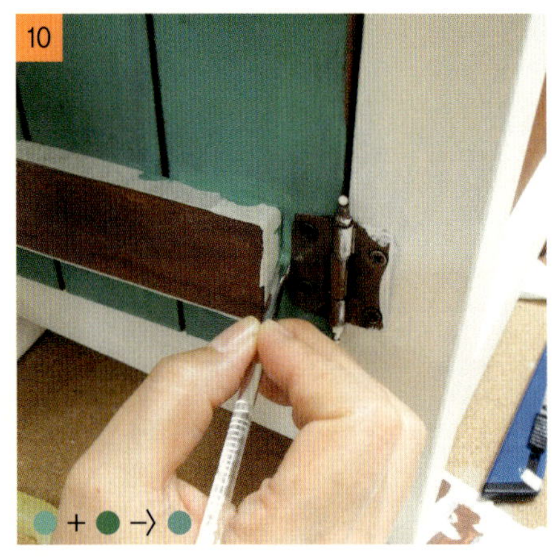

09. 칠이 스며들지 않도록 물감의 양을 조절하여 칠합니다.

10. 세밀한 부분은 작은 붓을 이용하여 칠합니다.

11. 경첩에 묻은 색은 마르기 전에 면봉에 물을 묻혀 닦아 냅니다.

12. 틈새로 스며든 색은 마른 후 가는 붓에 플랫 페인트를 묻혀 칠하여 수정합니
    다.

13. 상판의 색이 완전히 마른 후 초칠한 부분을 220C 샌드페이퍼로 샌딩합니다.

14. 문과 프레임도 같은 방법으로 샌딩합니다.

15. 문 지지대를 White로 칠합니다.

16. 물감이 마른 후 220C 샌드페이퍼로 샌딩합니다.

17. 박스 전체에 매트 바니쉬를 발라 마감합니다.

반제 구입처 : http://cafe.naver.com/47060234

재료 및 도구 : 220C 샌드페이퍼, 연필, 흰색 색연필, 평붓, 둥근붓, 앵글붓, 세필붓, 스텐실붓, 백붓, 도트펜, 삼각자, 바니쉬, 목공 풀

사용 물감 : 우드스테인 – Dark Walnut ●, 아크릴 물감 – Flesh Chair ●, Cherry Pink ●, Butter Milk ●, White ○, American Turkey ●, Primary Yellow ●, Cinnamon Brown ●, Black ●, Christmas Red ●

01. 수납장 반제 전체 면을 220C 샌드페이퍼로 샌딩합니다.

02. 오너먼트에 연필로 스케치합니다.(218쪽 도안 참고)

03. 여아 천사와 남아 천사의 얼굴에 아크릴 물감 Flesh Chair로 칠합니다.

04. 오너먼트의 팔과 날개를 아크릴 물감 White로 칠합니다.

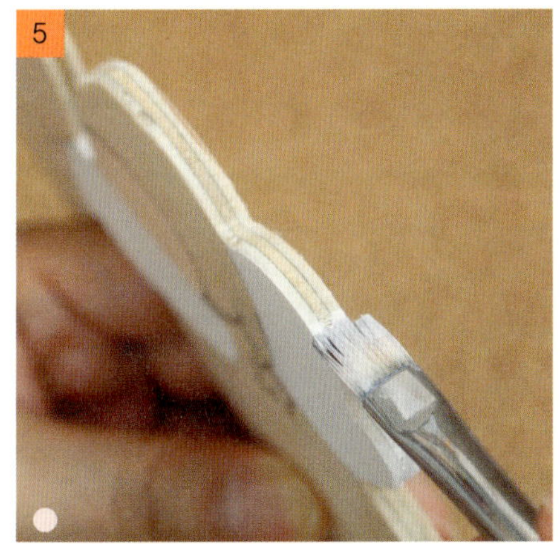

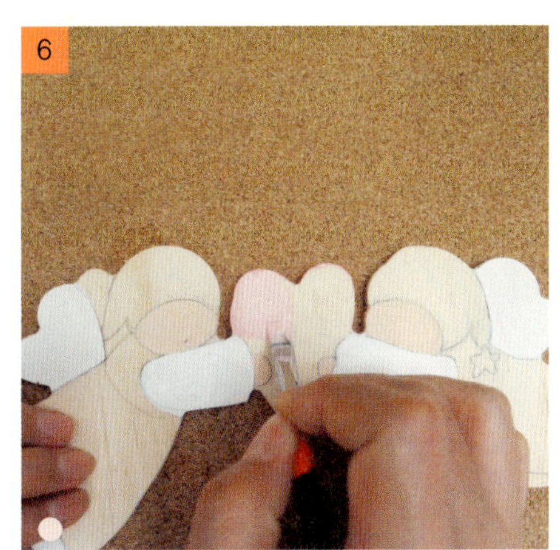

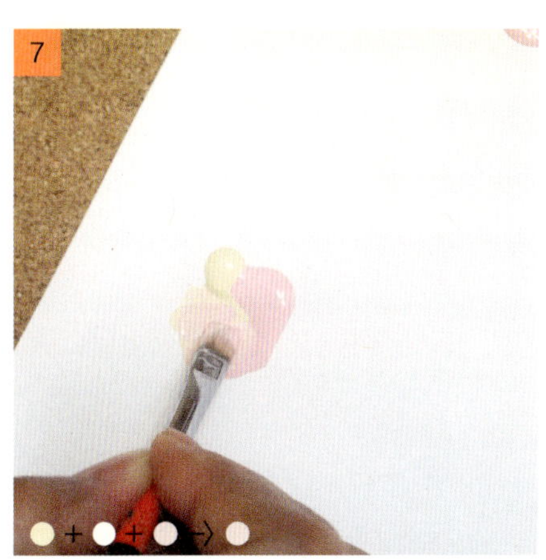

05. 하트의 옆면을 아크릴 물감 Cherry Pink로 칠합니다.

06. 하트의 앞면을 같은 색으로 칠합니다.

07. 아크릴 물감 Butter Milk, White, Cherry Pink를 고르게 섞습니다.

08. 섞은 아크릴 물감을 여아 천사의 모자와 옷에 칠합니다.

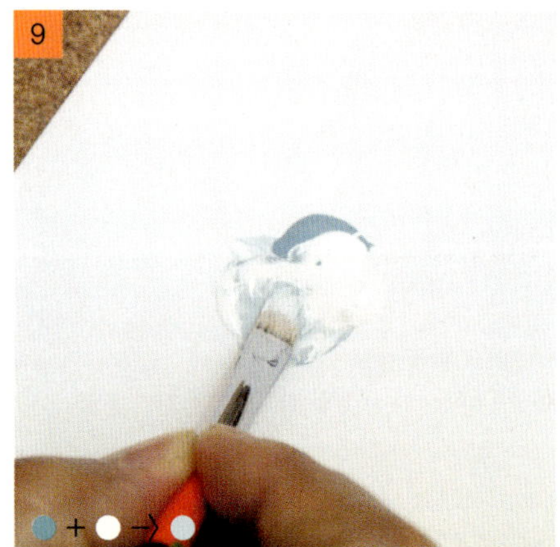

09. 아크릴 물감 American Turkey와 White를 섞어 조색합니다.

10. 조색한 색으로 남아 천사의 옷과 모자를 칠합니다.

11. 아크릴 물감 Primary Yellow로 모자의 별 장식을 칠합니다.

12. 남아 천사와 여아 천사의 신발을 아크릴 물감 Black으로 칠합니다.

13. 앵글붓에 아크릴 물감 Cinnamon Brown을 묻혀 블렌딩한 후 여아 천사의
모자와 옷을 셰이딩합니다.

14. 신발을 아크릴 물감 Cinnamon Brown으로 셰이딩합니다.

15. 세필붓에 아크릴 물감 Black을 묻혀 천사의 날개에 스티치를 표현합니다.

16. 세필붓에 아크릴 물감 Black을 묻혀 오너먼트의 전체 라인을 그립니다.

17. 스텐실붓에 아크릴 물감 Christmas Red를 묻혀 옅게 볼 터치를 표현합니다.

18. 도트펜에 아크릴 물감 Black을 묻혀 눈을 표현합니다.

19. 스텐실붓에 아크릴 물감 White를 묻혀 하이라이트를 표현합니다.

20. 아크릴 물감 Christmas Red에 아크릴 물감 White를 많이 넣어 섞어 조색합니다.

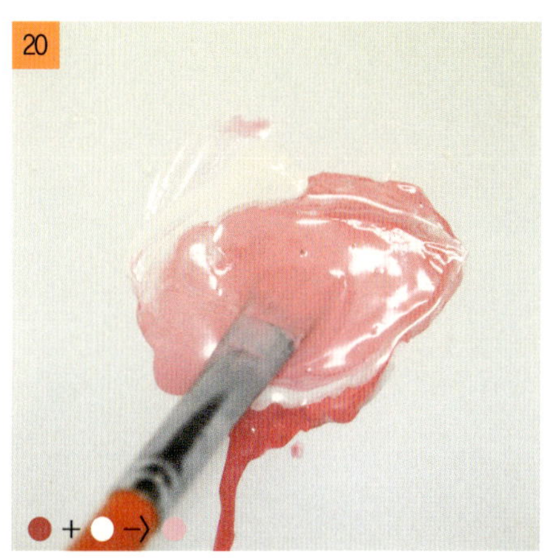

21. 수납장에 붙일 오너먼트 하트에는 조색한 색을 칠하고 나머지 하트에는 Cherry Pink를 칠하며 별에는 Primary Yellow를 칠합니다.

22. 오너먼트의 칠이 마른 후 코너 부분을 220C 샌드페이퍼로 샌딩합니다.

23. 백붓에 우드스테인 Dark Walnut을 묻혀 수납장 전체를 칠합니다.

24. 세 개의 작은 서랍은 아크릴 물감 Butter Milk, American Turkey, Flesh Chair로 칠합니다.

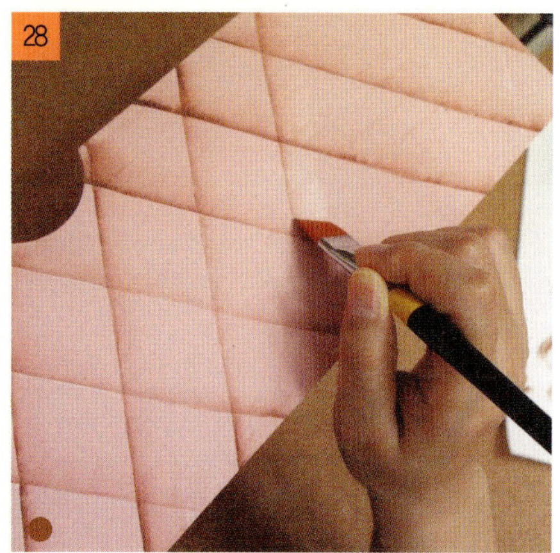

25. 큰 서랍은 아크릴 물감 Butter Milk, White, Cherry Pink를 섞어 칠합니다.

26. 삼각자를 이용하여 흰색 색연필로 사선을 긋습니다.

27. 앵글붓에 아크릴 물감 Cinnamon Brown을 묻혀 사선의 한쪽 방향을 셰이딩합니다.

28. 다른 방향의 사선을 셰이딩하여 다이아몬드 모양이 되게 합니다.

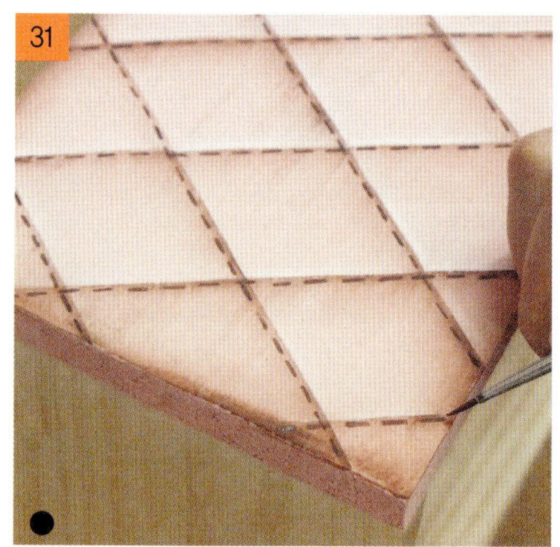

29. 앵글붓에 아크릴 물감 White를 묻혀 아크릴 물감 Cinnamon Brown으로 그은 사선과 맞닿는 면에 하이라이트를 표현합니다.

30. 서랍의 모서리 쪽 면을 아크릴 물감 Cinnamon Brown으로 셰이딩합니다.

31. Cinnamon Brown으로 셰이딩한 사선 위에 Black을 묻힌 둥근붓 1호로 스티치를 표현합니다.

32. 아크릴 물감 White를 묻힌 스텐실붓으로 하이라이트를 표현합니다.

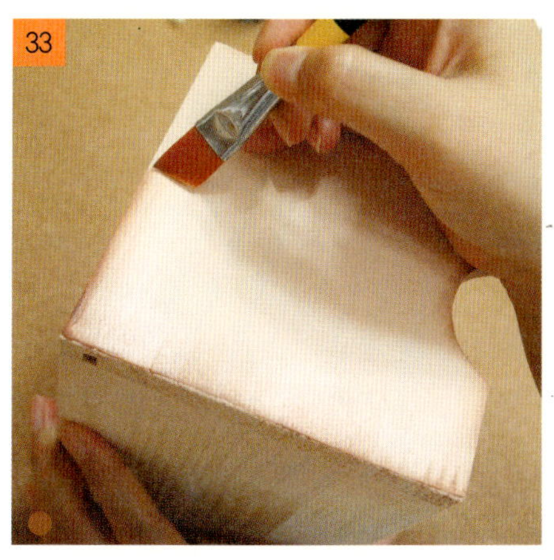  

33. 작은 서랍의 바깥쪽 면을 아크릴 물감 Cinnamon Brown으로 셰이딩합니다.

34. 칠이 마른 후 220C 샌드페이퍼로 수납장의 모서리를 샌딩합니다.

35. 천사 오너먼트의 각진 모서리 부분을 샌딩합니다.

36. 오너먼트의 뒷면에 목공 풀을 펴 바릅니다.

37. 작은 서랍에는 하트, 별 오너먼트를, 큰 서랍에는 천사 오너먼트를 붙입니다.

38. 백붓으로 수납장 전체에 바니쉬를 발라 마감합니다.

반제 구입처 : http://cafe.naver.com/ggumjangi

재료 및 도구 : 220C 샌드페이퍼, 평붓, 둥근붓, 세필붓, 앵글붓, 스텐실붓, 도트펜, 트레이싱 페이퍼, 먹지, 셀로판테이프, 종이테이프, OPP지, 매트 바니쉬, 별 모양 펀치, 목공 풀

사용 물감 : 워싱 페인트 – White ○, 아크릴 물감 – American Turkey ○, Black ●, Colonial Blue ○, White ○, Flesh Chair ○, Header Blue ○, Antique Gold ○, Butter Milk ○, Leaf Green ○, Orange ○, Holy Bush ○, Dusty Pink ○, Burnt Umber ○, Christmas Red ○, Forest Green ○, Cinnamon Brown ○, Cherry Pink ○, Primary Yellow ○, Navy Blue ○

01. 인터폰 박스 반제 전체 면을 220C 샌드페이퍼로 샌딩합니다.

02. White 워싱 페인트로 반제 전체 면을 칠합니다.

03. 작은 붓으로 홈이 있는 틈새 부분을 칠합니다.

04. 밑그림을 트레이싱 페이퍼 위에 옮겨 그립니다. (219쪽 도안 참고)

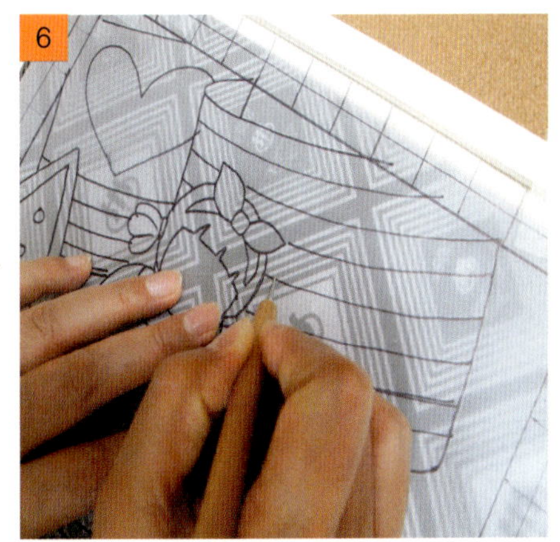

05. 먹지를 트레이싱 페이퍼 밑에 넣은 뒤 셀로판테이프로 붙여 고정시킵니다.

06. 도트펜으로 밑그림을 옮겨 그립니다

07. 아크릴 물감 American Turkey로 베이스 색을 칠합니다.

08. 그림의 바깥쪽을 종이테이프로 붙입니다.

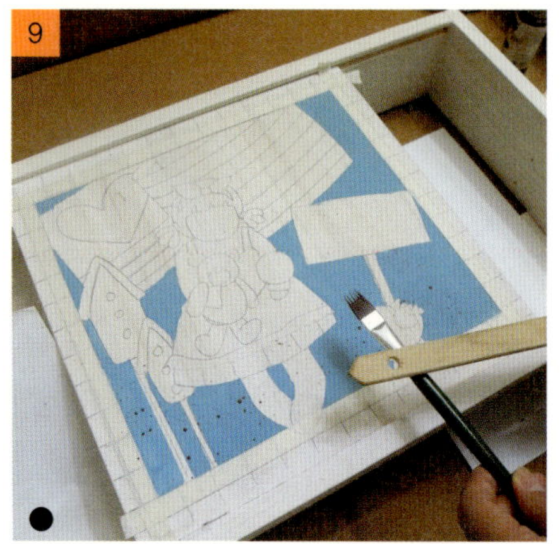

09. 평붓에 Black 묻힌 뒤 다른 붓으로 톡톡 쳐서 물감을 떨어뜨립니다.

10. Colonial Blue도 같은 방법으로 떨어뜨립니다.

11. White를 같은 방법으로 떨어뜨립니다. 물감을 떨어뜨릴 때는 이와 같이 어두운 색부터 떨어뜨립니다.

12. 둥근붓에 Flesh Chair를 묻혀 얼굴을 칠합니다.

13. Header Blue와 White를 섞은 색으로 원피스를 칠합니다.

14. White로 치마의 레이스를 칠합니다.

15. Antique Gold로 치맛단의 첫 번째 조각을 칠합니다.

16. Butter Milk로 치맛단의 두 번째 조각을 칠합니다.

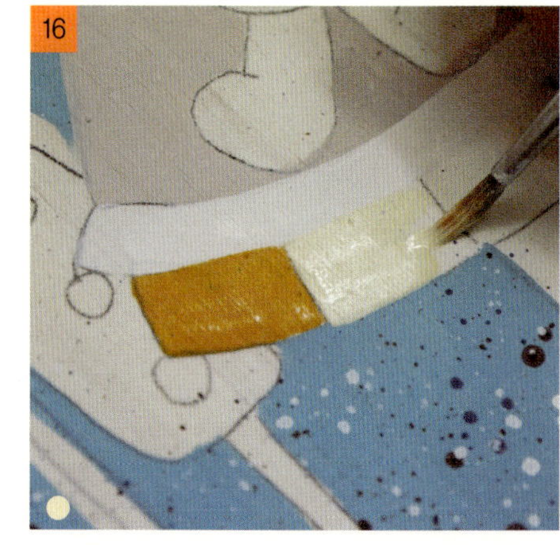

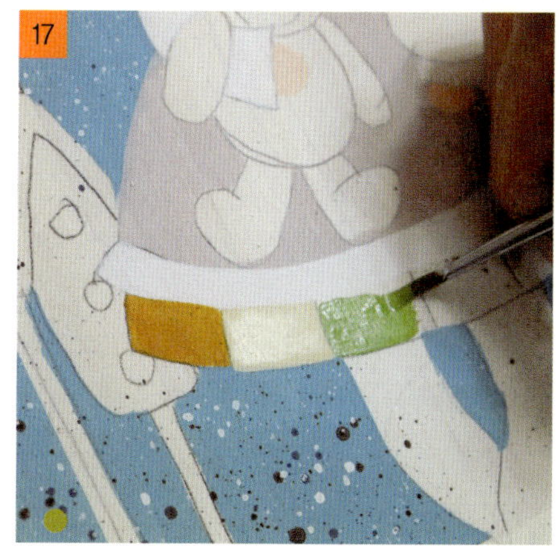  

17. Leaf Green으로 치맛단의 세 번째 조각을 칠합니다.

18. Orange로 치맛단의 네 번째 조각을 칠합니다.

19. Holy Bush로 치맛단의 다섯 번째 조각을 칠합니다.

20. Dusty Pink로 치맛단의 여섯 번째 조각을 칠합니다.

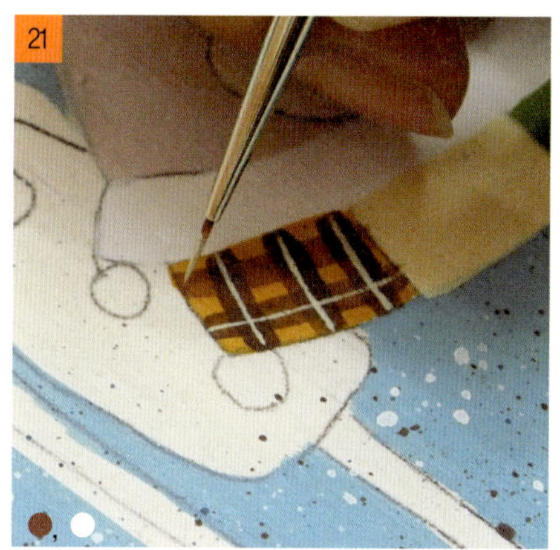  

21. Burnt Umber와 White로 첫 번째 조각에 체크무늬를 그립니다.

22. 도트펜에 Christmas Red를 묻혀 두 번째 조각에 점 두 개씩 찍습니다.

23. 둥근붓에 Holy Bush를 묻힌 뒤 선을 그어 체리 무늬를 표현합니다.

24. 평붓 1호에 Forest Green을 묻혀 체크무늬를 표현합니다.

25. 세필붓에 White를 묻힌 뒤 네 번째 조각에 하트 무늬를 그립니다.

26. 세필붓에 Antique Gold를 묻힌 뒤 다섯 번째 조각에 골뱅이 무늬를 그립니다.

27. 평붓에 White를 묻힌 뒤 여섯 번째 조각에 체크 무늬를 그립니다.

28. 평붓에 Christmas Red를 묻힌 뒤 양말을 칠합니다.

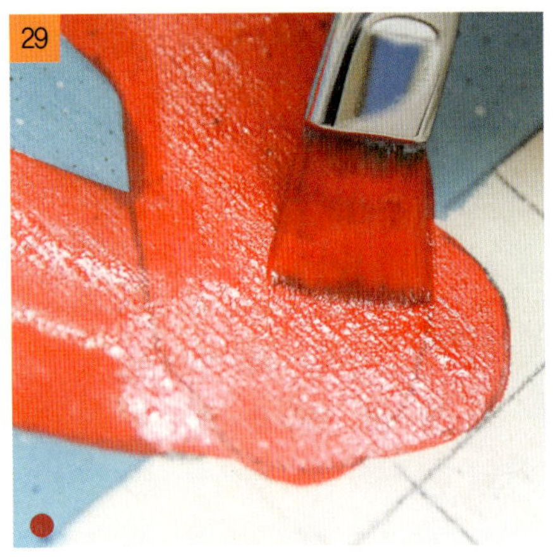

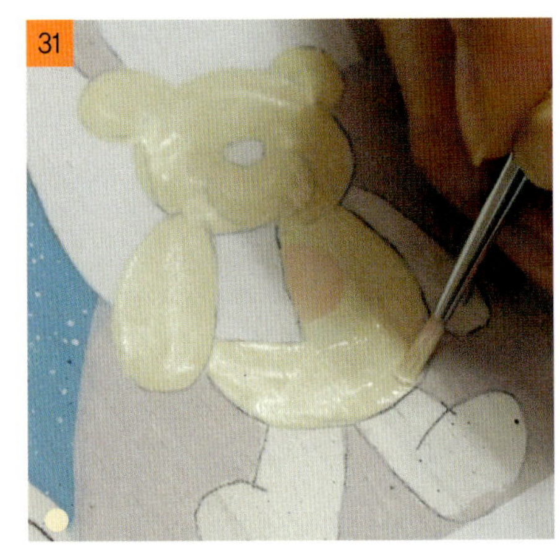

29. 평붓으로 위쪽에 오는 양말을 잘 칠합니다.

30. Christmas Red와 Cinnamon Brown을 섞어 머리를 칠합니다.

31. Butter Milk로 곰 인형을 칠합니다.

32. Cherry Pink로 사탕을 칠합니다.

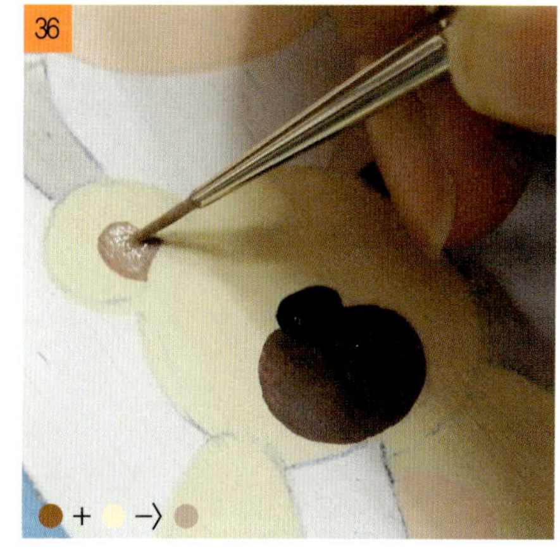

33. Cinnamon Brown으로 막대 사탕의 막대를 칠합니다.

34. Cinnamon Brown으로 곰 인형의 입 주위를 칠합니다.

35. Black으로 코와 인중을 그립니다.

36. Cinnamon Brown과 Butter Milk를 섞은 색으로 곰 인형의 귓속을 칠합니다.

37. Leaf Green으로 리본을 칠합니다.

38. Antique Gold로 셰이딩하여 블라우스의 주름을 표현합니다.

39. Cinnamon Brown으로 조끼 원피스 주위를 셰이딩합니다.

40. Cinnamon Brown으로 블라우스 주위를 셰이딩합니다.

41. Cinnamon Brown으로 곰 인형 바깥쪽을 셰이딩합니다.

42. Cinnamon Brown으로 조각 천 주위를 셰이딩합니다.

43. 같은 색으로 각 조각 천의 경계 부분을 셰이딩합니다.

44. Cinnamon Brown으로 치마의 레이스 주위를 셰이딩합니다.

45. Cinnamon Brown으로 곰 인형 바깥쪽을 셰이딩합니다.

46. Cinnamon Brown으로 머리카락 주위를 셰이딩합니다.

47. Cinnamon Brown으로 사탕을 골뱅이 무늬로 셰이딩합니다.

48. 평붓 1호에 White를 묻힌 뒤 사탕에 무늬를 그립니다.

49. White로 사탕에 하이라이트 표현합니다.

50. 평붓 1호에 White를 묻혀 양말의 줄무늬를 그립니다.

51. 앵글붓에 Cinnamon Brown을 묻혀 양말 주위를 세이딩합니다.

52. 도트펜에 White를 묻혀 리본에 도트 무늬를 표현합니다.

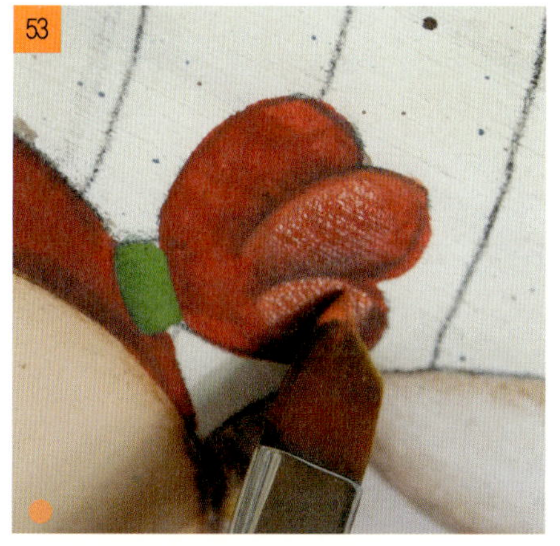  

53. 앵글붓에 Orange를 묻힌 뒤 머리카락 주위에 하이라이트를 표현합니다.

54. 앵글붓에 Forest Green을 묻힌 뒤 리본 주위를 세이딩합니다.

55. 스텐실붓에 아크릴 물감 Christmas Red를 묻혀 옅게 한 후 볼 터치를 표현합니다.

56. Cinnamon Brown으로 세이딩하여 코를 표현합니다.

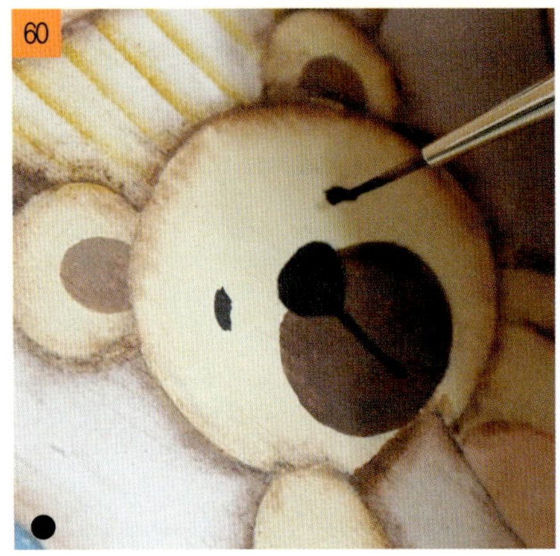

57. 도트펜에 Black을 묻혀 눈을 표현합니다.

58. 둥근붓에 Black을 묻혀 입을 그린 후 도트펜에 White를 묻혀 입가를 하트 모양으로 장식합니다.

59. 도트펜에 White를 묻힌 뒤 눈에 찍어 눈빛을 표현합니다.

60. 세필붓에 Black을 묻혀 곰의 눈을 그립니다.

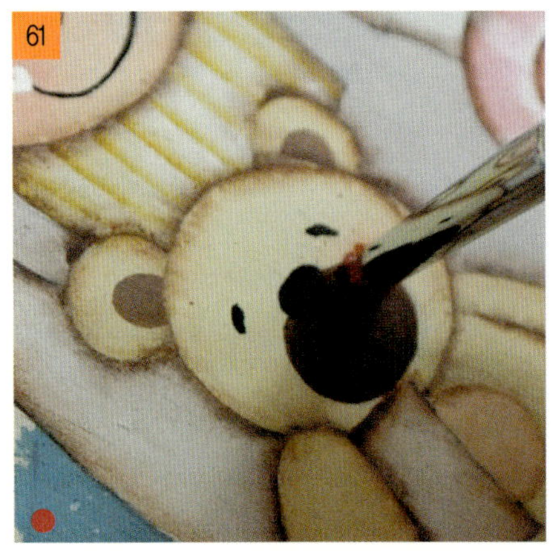

61. 스텐실붓에 아크릴 물감 Christmas Red를 묻혀 엷게 한 후 볼 터치를 표현합니다.

62. Cinnamon Brown으로 나무 간판과 막대를 칠합니다.

63. Primary Yellow로 병아리의 몸통을 칠합니다.

64. Orange로 병아리의 입을 칠합니다.

65. Cinnamon Brown으로 병아리의 발을 칠합니다.

66. Navy Blue와 White를 섞어 큰 새집을 칠합니다.

67. Holy Bush로 작은 새집을 칠합니다.

68. Orange로 작은 새집의 지붕을 칠합니다.

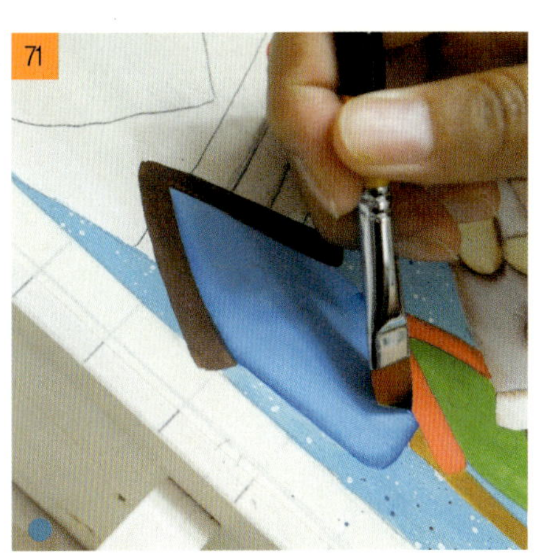

69. Cinnamon Brown으로 큰 새집의 지붕을 칠합니다.

70. Cinnamon Brown과 Antique Gold를 섞은 색으로 새집의 기둥을 칠합니다.

71. Navy Blue로 큰 새집을 셰이딩합니다.

72. Forest Green으로 작은 새집을 셰이딩합니다.

73. Antique Gold로 큰 새집의 지붕을 셰이딩합니다.

74. Antique Gold로 작은 새집의 지붕을 셰이딩합니다.

75. Navy Blue로 큰 새집에 구멍을 그립니다.

76. Forest Green으로 작은 새집에 구멍을 그립니다.

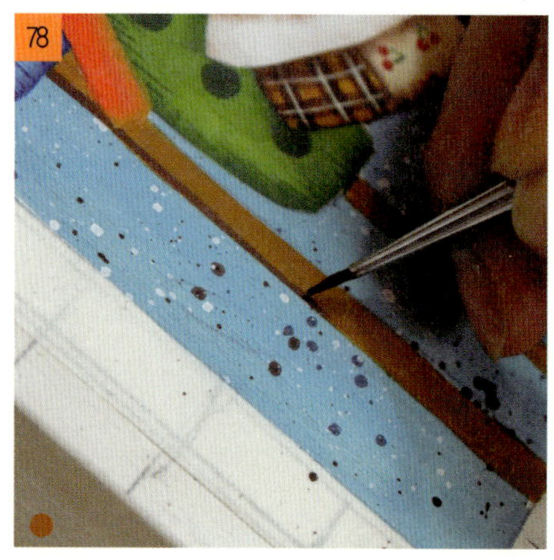

77. Navy Blue로 큰 새집에 나무의 결을 그리고 Forest Green으로 작은 새집에 나무의 결을 그립니다.

78. Cinnamon Brown으로 큰 새집과 작은 새집 기둥에 음영을 줍니다.

79. Cinnamon Brown으로 병아리를 셰이딩합니다.

80. 도트펜에 Black을 묻혀 병아리의 눈을 표현합니다.

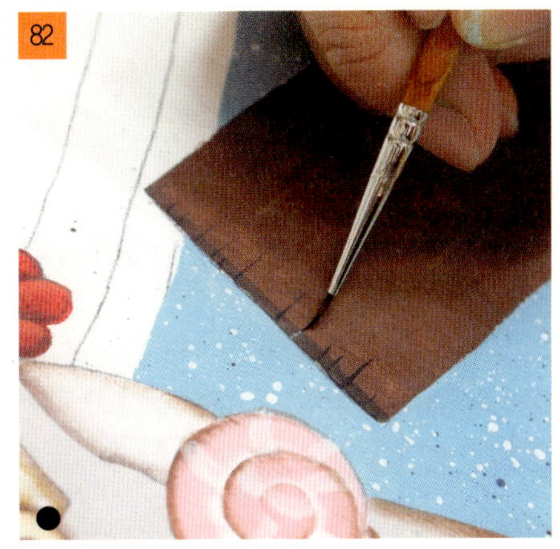

81. Burnt Umber로 나무 간판과 기둥에 음영을 표현합니다.

82. Black으로 나무 간판에 나뭇결을 그립니다.

83. 콤붓에 Antique Gold를 묻혀 가볍게 바릅니다.

84. 둥근붓에 White를 묻혀 'Country Friends are made with Love' 라고 씁니다.

85. Cherry Pink로 하트를 그려 장식합니다.

86. Butter Milk로 하트 국기의 가로선을 한 칸씩 띄우고 칠합니다.

87. Christmas Red로 칠하지 않은 나머지 가로선을 칠합니다.

88. Navy Blue로 하트 무늬의 바탕을 칠합니다.

89. 칠이 마르면 먹지를 대고 하트를 그립니다.

90. White로 하트를 칠합니다.

91. 세필붓에 Navy Blue와 White를 섞은 색을 묻혀 스티치를 그립니다.

92. Black으로 하트 무늬 바탕을 셰이딩합니다.

93. Black으로 하트 국기의 아우트라인을 셰이딩합니다.

94. Black으로 소녀와 새집의 아우트라인을 셰이딩합니다.

95. Black으로 병아리와 나무 간판의 아우트라인을 셰이딩합니다.

96. Cinnamon Brown으로 국기의 가로선을 셰이딩합니다.

97. Colonial Blue로 그림의 바깥쪽을 셰이딩합니다.

98. 종이테이프를 떼어 낸 후 Butter Milk로 한 칸씩 사이를 띄우며 연속으로 칠합니다.

99. Colonial Blue로 나머지 빈칸을 칠합니다.

100. Burnt Umber로 테두리 주위를 셰이딩합니다.

101. Burnt Umber로 칸의 경계 부분을 셰이딩합니다.

102. Burnt Umber로 패턴의 바깥쪽을 셰이딩합니다.

103. Cinnamon Brown으로 레이스의 주름을 표현합니다.

104. Cinnamon Brown으로 레이스와 치마의 경계 라인을 그립니다.

105. 세필붓에 Cinnamon Brown을 묻혀 곰 인형의 외곽선을 사선으로 터치하여 털을 표현합니다.

106. Black으로 소녀의 외곽선을 그립니다.

107. Black으로 사탕의 외곽선을 그립니다.

108. OPP지를 별 모양 펀치로 뚫습니다.

109. 별 모양으로 뚫린 OPP지를 국기의 하트 무늬 위에 대고 Primary Yellow를 묻힌 스텐실붓으로 두드립니다. (스티플 기법)

110. 하트 바깥쪽에는 별 패턴의 연속성을 위해 걸치듯 찍습니다.

111. Cinnamon Brown으로 하트에 셰이딩합니다.

112. 220C 샌드페이퍼로 인터폰 박스의 모서리를 샌딩합니다.

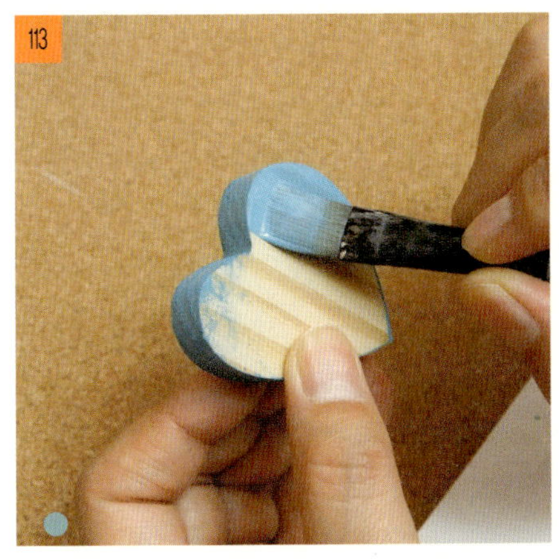

113. 문 손잡이 하트에 American Turkey로 칠합니다.

114. 하트를 Cinnamon Brown으로 셰이딩합니다.

115. 220C 샌드페이퍼로 하트의 모서리를 샌딩합니다.

116. 문 손잡이 뒷면에 목공 풀을 발라 문의 오른쪽 중앙에 붙입니다. 나사못을
박으면 더욱 단단히 고정됩니다.

117. 인터폰 박스 전체에 매트 바니쉬를 발라 마감합니다.

반제 구입처 : http://cafe.naver.com/ggumjangi

재료 및 도구 : 220C 샌드페이퍼, 앵글붓, 둥근붓, 콤붓, 세필붓, 백붓, 평붓, 종이테이프, 도트펜, 흰색 색연필, 스텐실붓, 매트 바니쉬

사용 물감 : 우드스테인 – Chocolate Chip ●, 아크릴 물감 – White ○, American Turkey ●, Forest Green ●, Cinnamon Brown ●, Holy Bush ●, Christmas Red ●, Black ●, Burnt Umber ●, Antique Gold ●, Orange ●, Colonial Blue ●, Navy Blue ●, Leaf Green ●, Primary Yellow ●

01. 선반장 반제 전체 면을 220C 샌드페이퍼로 샌딩합니다.

02. 우드스테인 Chocolate Chip을 백붓에 묻혀 가구 전체를 나뭇결 방향대로 칠합니다.

03. 선반장 안쪽을 꼼꼼하게 칠합니다.

04. 선반장 밑면을 칠합니다.

05. 문의 프레임을 칠하기 전 앞판에 종이테이프로 붙입니다.

06. 경첩에도 종이테이프를 붙입니다.

07. 평붓에 아크릴 물감 White를 묻혀 선반장 문틀을 칠합니다.

08. 문틀 옆면을 칠합니다.

09. 종이테이프를 뗍니다.

10. 흰색 색연필로 왼쪽 문에 밑그림을 스케치합니다.(220쪽 도안 참고)

11. 오른쪽 문에도 밑그림을 스케치합니다.

12. 평붓에 American Turkey와 White를 섞은 색을 묻혀 하늘을 칠합니다.

13. 아크릴 물감 Forest Green과 Cinnamon Brown을 섞은 색으로 풀밭을 칠
합니다

14. 아크릴 물감 Holy Bush로 먼 쪽 풀밭을 칠합니다.

15. 아크릴 물감 Leaf Green으로 집 앞 풀밭을 칠합니다.

16. 아크릴 물감 Christmas Red과 Cinnamon Brown을 섞은 색으로 집을 칠
하고 Black으로 지붕을 칠합니다.

17. Black으로 문을 칠합니다.

18. 흰색 색연필로 창문을 그립니다.

19. White로 창문을 칠합니다.

20. White로 울타리를 칠합니다.

21. 흰색 색연필로 양을 그리고 White로 양의 몸을, Black으로 머리와 다리를 칠합니다.

22. Black으로 양의 라인을 그립니다

23. 앵글붓에 Cinnamon Brown을 묻혀 먼 쪽 풀밭을 블렌딩한 뒤 세이딩합니다.

24. Forest Green으로 집 앞 언덕을 세이딩합니다.

  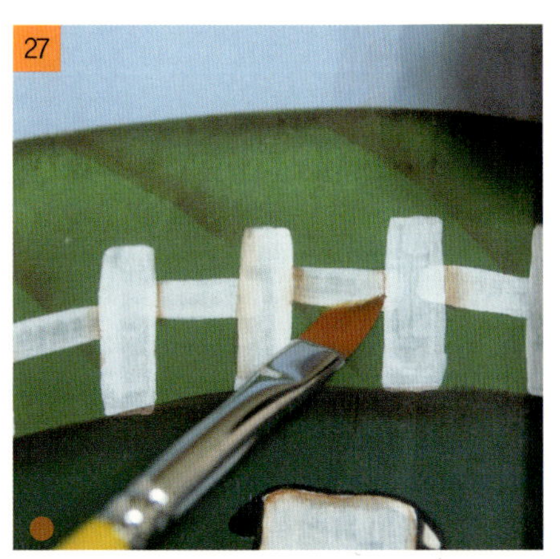

25. Cinnamon Brown으로 밭고랑을 표현합니다.

26. 앵글붓 2호에 Cinnamon Brown을 묻혀 양을 셰이딩합니다.

27. 앵글붓 3호에 Cinnamon Brown을 묻혀 울타리를 셰이딩합니다.

28. 집 아우트라인을 Cinnamon Brown으로 셰이딩합니다.

29. Forest Green으로 나무를 칠하고 Burnt Umber로 나무 기둥을 그립니다.

30. 앵글붓에 Antique Gold를 묻혀 나무를 셰이딩합니다.

31. 앵글붓에 Antique Gold를 묻혀 밭고랑에 하이라이트를 표현합니다.

32. 붓 뒤쪽에 White를 묻혀 꽃잎을 표현합니다.

33. 도트펜에 Orange를 묻혀 꽃 중앙에 꽃술을 표현합니다.

34. 둥근붓 0호에 Forest Green을 묻혀 줄기와 잎을 그립니다.

35. 콤붓에 Colonial Blue를 묻히고 가볍게 붓질하여 캔버스 느낌을 줍니다.

36. Navy Blue로 한 번 더 가볍게 붓질합니다.

37. 앵글붓에 Navy Blue를 묻혀 하늘 바깥쪽을 세이딩합니다.

38. 앵글붓에 Burnt Umber를 묻혀 하늘의 바깥쪽 코너를 좀 더 어둡게 세이딩합니다.

39. Burnt Umber로 아래쪽 코너도 넓게 세이딩합니다.

40. 세필붓에 Black을 묻혀 언덕과 울타리의 바깥쪽 선을 그립니다.

41. Black으로 창문에 바깥쪽 선을 그립니다.

42. American Turkey와 White를 섞은 색으로 오른쪽 하늘을 칠합니다

43. Colonial Blue로 가장 위쪽 하늘을 칠합니다.

44. 아래쪽으로 내려오면서 붓으로 가볍게 덧칠합니다.

45. 붓을 깨끗이 빤 후 물기가 남은 상태로 덧칠한 곳의 경계 부분을 여러 번 붓질하여 그러데이션 효과를 줍니다.

46. 평붓에 Forest Green과 Burnt Umber를 섞은 색을 묻혀 아래쪽 풀밭을 칠합니다.

47. Leaf Green으로 들판의 중간 부분을 칠합니다.

48. Leaf Green과 Antique Gold를 섞은 색으로 오른쪽 풀밭을 칠합니다.

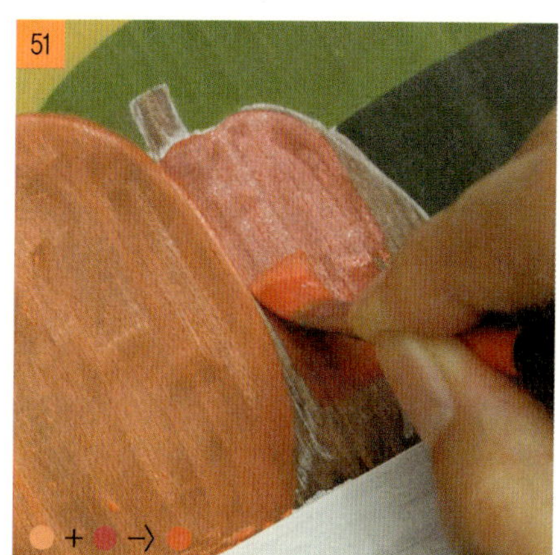

49. Antique Gold로 들판을 칠합니다.

50. Orange로 큰 호박을 칠합니다.

51. Orange와 Christmas Red를 섞은 색으로 뒤쪽 작은 호박을 칠합니다.

52. White로 울타리를 칠합니다.

53. Cinnamon Brown으로 호박 꼭지를 칠합니다.

54. 앵글붓에 Cinnamon Brown을 묻혀 호박의 골 부분을 세이딩합니다.

55. 앵글붓에 White를 묻혀 하이라이트를 표현합니다.

56. 앵글붓에 Cinnamon Brown을 묻혀 세이딩합니다.

57. Antique Gold로 호박 꼭지에 라이트를 표현합니다.

58. Antique Gold로 호박에 하이라이트를 표현합니다.

59. Antique Gold로 호박에 라이트를 표현합니다.

60. Navy Blue로 하늘과 밭의 경계 부분을 셰이딩합니다.

61. 앵글붓에 Cinnamon Brown을 묻혀 호박의 아우트라인을 셰이딩합니다.

62. 앵글붓에 Cinnamon Brown을 묻혀 밭의 경계선을 셰이딩합니다.

63. 앵글붓에 Burnt Umber를 묻혀 울타리를 셰이딩합니다.

64. 들판을 Cinnamon Brown으로 셰이딩하여 들판의 골을 표현합니다.

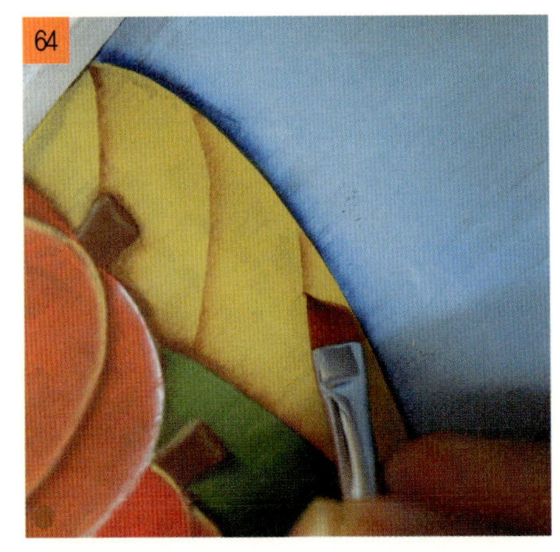

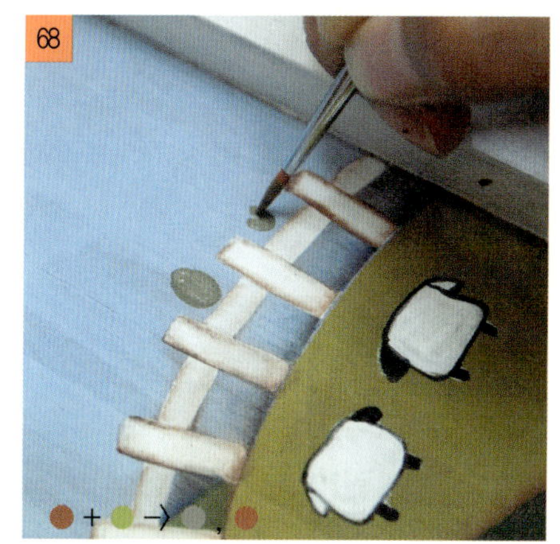

65. 흰색 색연필로 울타리 안에 있는 양을 스케치합니다.

66. 둥근붓에 White를 묻혀 양의 몸통을 칠하고 Black을 묻혀 양의 머리와 발을 칠합니다.

67. Black으로 양의 외곽선을 그립니다.

68. 울타리 사이에 있는 나뭇잎은 Cinnamon Brown과 Leaf Green을 섞은 색으로 그리고 나무 기둥은 Cinnamon Brown으로 그립니다.

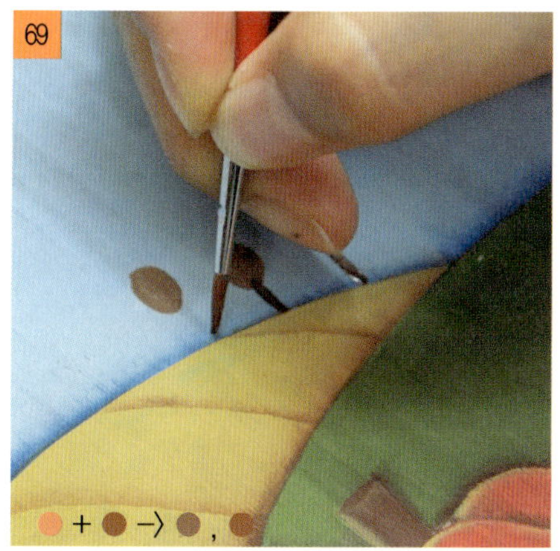 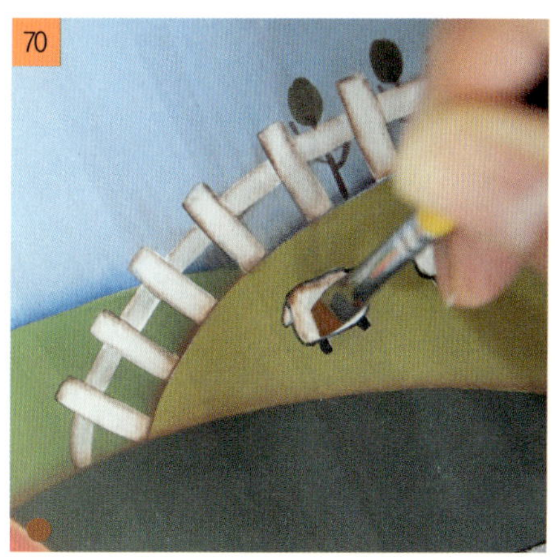 

69. 들판 위의 나무는 Orange와 Cinnamon Brown을 섞은 색으로 그리고 나무 기둥은 Cinnamon Brown으로 그립니다.

70. Cinnamon Brown으로 양을 셰이딩합니다.

71. 스텐실붓에 White를 묻힌 후 적당히 누르고 들어올려 구름을 표현합니다

72. 스텐실붓에 American Turkey와 White를 섞은 색을 묻힌 뒤 찍어 구름 아래쪽을 표현합니다.

73. 스텐실붓에 White를 조금 더 묻혀 구름 중간 부분을 찍습니다.

74. Navy Blue를 옅게 블렌딩하여 구름의 아우트라인을 셰이딩합니다.

75. White가 조금 남은 스텐실붓으로 호박의 볼록한 부분을 문지르듯 칠하여 하이라이트를 표현합니다.

76. White가 조금 남은 스텐실붓으로 톡톡 쳐서 꽃을 표현합니다.

77. 도트펜에 Primary Yellow를 묻혀 찍어 꽃 느낌을 냅니다.

78. 세필붓에 Cinnamon Brown을 묻혀 호박 줄기를 그립니다.

79. Forest Green과 Burnt Umber를 섞은 색으로 호박잎을 그립니다.

80. 둥근붓 0호에 Black을 묻혀 호박의 형태 라인을 그립니다.

81. 세필붓에 Black을 묻혀 울타리를 그립니다.

82. 그림 전체의 바깥쪽 부분을 Burnt Umber로 셰이딩합니다.

83. 선반장 문의 모서리 부분을 220C 샌드페이퍼로 샌딩하여 빈티지 느낌을 표현합니다.

84. 손잡이의 둥근 모서리 부분을 나무 색이 보일 정도로 샌딩합니다.

85. 문의 테두리를 밑 색이 보일 정도로 가볍게 샌딩합니다.

86. 백붓에 매트 바니쉬를 묻혀 전체적으로 바릅니다.

반제 구입처 : http://cafe.naver.com/ggumjangi

재료 및 도구 : 핸드 샌더, 220C 샌드페이퍼, 빗자루, 백붓, 앵글붓, 평붓, 긴 자, 흰색 색연필, 종이테이프, 휴지(걸레), 비닐, 매트 바니쉬

사용 물감 : 우드스테인 – 플랫 페인트 ●, 아크릴 물감 – Leaf Green ●, Butter Milk ●, Cherry Pink ●, White ○, Primary Yellow ●, American Turkey ●, Colonial Blue ●, Pure Orange ●, Orange ●, Holy Bush ●, Cinnamon Brown ●, Black ●

01. 미니 거실장 반제 전체 면을 핸드 샌더로 샌딩합니다.

02. 미니 거실장 안쪽을 220C 샌드페이퍼나 핸드 샌더로 샌딩합니다.

03. 빗자루를 이용하여 목재 가루를 깨끗이 털어 냅니다.

04. 플랫 페인트를 묻힌 백붓으로 미니 거실장 전체를 칠합니다.

Reference : 대형 가구의 쉬운 채색 요령

1. 다리를 칠할 때 목재를 깔고 칠하면 쉽게 칠할 수 있습니다. 이때 붓 대신에 스펀지붓이나 롤러를 이용해도 좋습니다.

2. 보통 가구 경첩은 떼어 내고 작업하지만 초보자가 문을 정확하게 조립하기는 어렵습니다. 경첩에 종이테이프를 붙이고 작업하거나 물감이 묻었을 경우 마르기 전에 빨리 닦아 냅니다.

3. 가구를 칠할 때는 대량의 페인트가 사용되므로 가능하면 팔레트나 물통은 큰 것을 이용합니다.

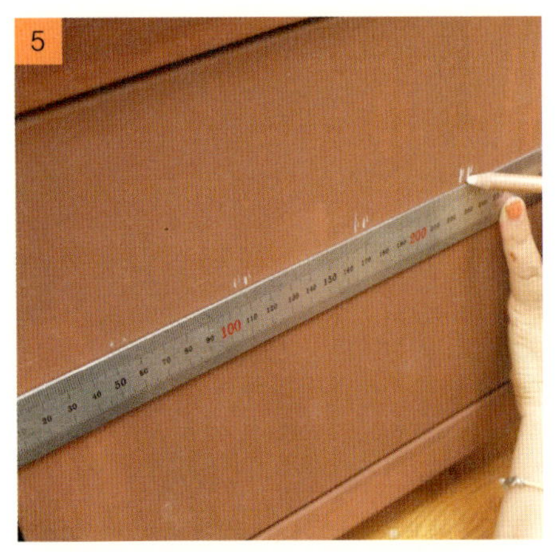  

05. 긴 자를 대고 흰색 색연필로 일정한 간격을 체크합니다. 간격 5mm, 종이 테이프 10mm이므로 19에서 옮겨 붙입니다.(221쪽 도안 참고)

06. 종이테이프를 세로로 반듯하게 붙여 사이사이 칠하는 부분을 알 수 있도록 합니다.

07. 세로로 붙인 종이테이프 사이에 가로로 종이테이프를 붙입니다.

08. Leaf Green과 Butter Milk를 섞어 칠합니다.

09. 옆면이 맞닿은 곳은 나무의 두께가 표현되도록 연결하여 칠합니다.

10. 같은 색은 한꺼번에 칠합니다. 이때 너비가 좁은 면은 칠하지 않습니다.

11. Cherry Pink와 White를 섞은 파스텔 톤으로 사이사이를 칠합니다. 이때 역시 좁은 면은 칠하지 않습니다.

12. 11번 채색 칸 위를 Butter Milk를 조금 묻힌 붓으로 가볍게 터치합니다. 겹 쳐 칠할 때는 밑 색이 마른 후에 칠합니다.

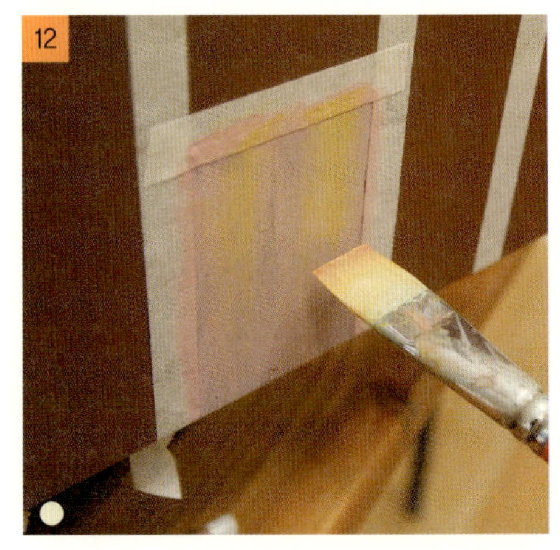

13. Primary Yellow와 Butter Milk를 섞은 색을 사이사이 칠합니다.(좁은 면 채색 금지)

14. 13에서 칠한 면에 Leaf Green을 조금 묻힌 붓으로 가볍게 붓 터치를 합니다.

15. American Turkey와 White를 섞은 색으로 여러 면을 칠합니다.(좁은 면 채색 금지)

16. 13 채색 면에 Colonial Blue를 조금 묻힌 붓으로 가볍게 붓 터치를 합니다.

17. 종이테이프가 붙은 상태 그대로 모서리와 면을 220C 샌드페이퍼로 샌딩합니다.

18. 종이테이프를 뜯어 냅니다.

19. 2차 채색을 위해 종이테이프를 2.5mm씩 옮겨 붙입니다.

20. 빈 면에 Pure Orange와 Butter Milk를 섞은 색을 칠합니다.

21. 빈 면 중간중간에 짧은 나무토막 느낌이 나도록 가로로 종이테이프를 붙입니다.

22. Pure Orange와 Butter Milk를 섞은 색을 작은 면에 칠합니다.

23. 20, 22 채색 면에 Butter Milk를 조금 묻힌 붓으로 가볍게 터치합니다. 같은 계열의 밝은 색이나 어두운 색을 사용해도 됩니다.

24. Orange와 Butter Milk를 섞어 빈 면에 칠합니다.

25. Holy Bush와 Cinnamon Brown을 섞은 색을 위쪽 빈 면에 칠합니다.

26. 25의 색을 조금 묻힌 붓으로 위쪽 칸에 색을 칠한 곳을 가볍게 터치합니다.

27. 25의 채색 면에 Holy Bush를 조금 묻힌 붓으로 가볍게 터치합니다.

28. 20의 채색 면에 Holy Bush를 조금 묻힌 붓으로 가볍게 터치합니다.

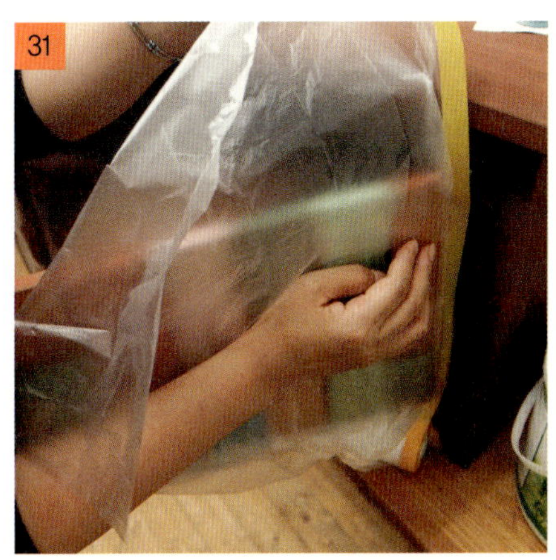

29. 220C 샌드페이퍼로 모서리와 면을 샌딩합니다.

30. 종이테이프를 떼어 냅니다.

31. 프레임을 칠하기 전 문에 물감이 묻지 않도록 비닐을 씌웁니다.

32. Butter Milk로 거실장 프레임을 칠합니다.

33. 220C 샌드페이퍼로 상판 모서리 부분을 샌딩합니다.

34. 핸드 샌더로 상판 표면을 샌딩합니다.

35. 거실장 프레임 모서리 부분들을 샌딩합니다.

36. 비닐을 떼어 낸 후 앵글붓에 Black을 묻혀 가로선 아우트라인을 셰이딩합니다.

37. 앵글붓에 Black을 묻혀 세로선 아우트라인을 셰이딩합니다.

38. 220C 샌드페이퍼로 문 앞면을 가볍게 샌딩합니다.

39. 반대쪽 문도 가볍게 샌딩합니다.

40. 휴지나 걸레에 물을 묻혀 가볍게 닦습니다.

41. 매트 바니쉬로 칠하여 완성합니다.

반제 구입처 : http://cafe.naver.com/ggumjangi

재료 및 도구 : 220C 샌드페이퍼, 물걸레, 백붓, 평붓, 둥근붓, 세필붓, 앵글붓, 스텐실붓, 커버링 테이프, 흰색 색연필, 도트펜, 매트 바니쉬

사용 물감 : 워싱 페인트 – White ○, 아크릴 물감 – Burnt Umber ●, Antique Gold ●, White ○, Cinnamon Brown ●, Primary Yellow ●, Leaf Green ●, Flesh Chair ●, Christmas Red ●, Lavender ●, Navy Blue ●, Black ●, Orange ●, Colonial Blue ●

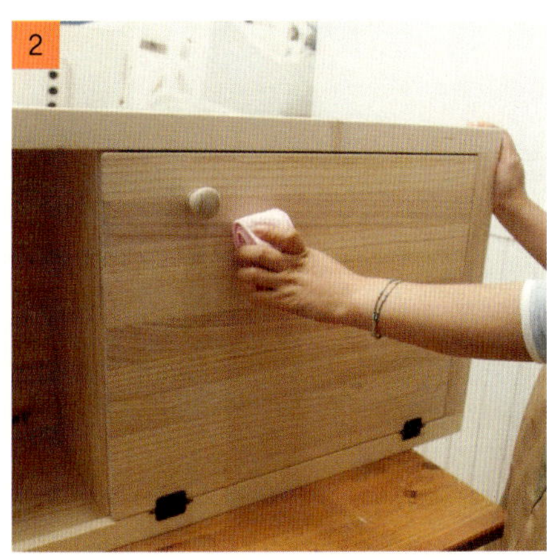
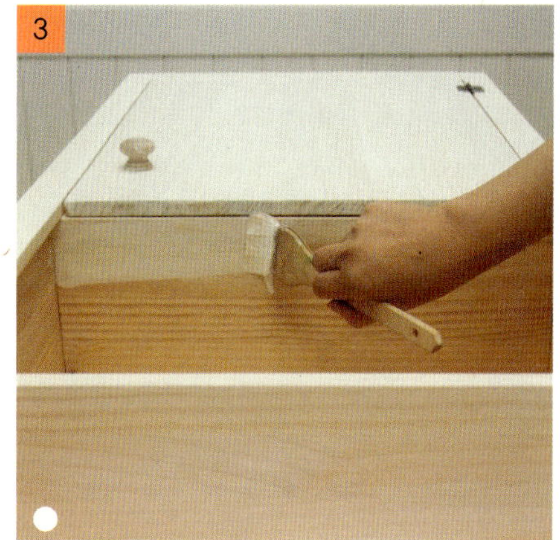

01. 코너 선반장 반제 전체 면을 220C 샌드페이퍼로 샌딩합니다.

02. 물걸레로 샌딩한 가루를 깨끗이 닦아 냅니다.

03. 백붓에 워싱 페인트 White를 묻혀 코너 선반장 전체를 칠합니다.

04. 좁은 부분은 평붓으로 꼼꼼하게 칠합니다.

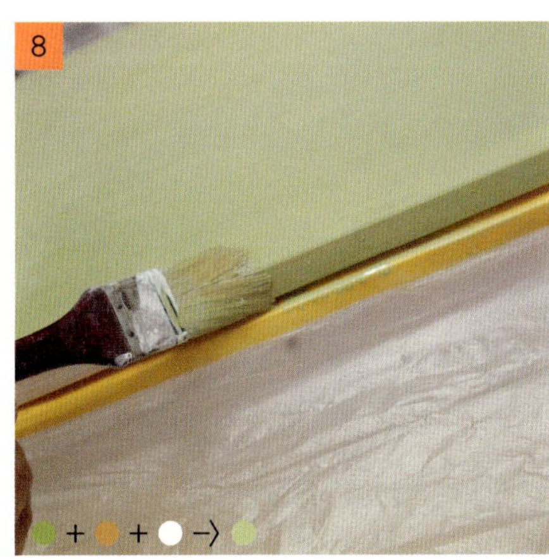

05. 페인트가 마른 후 다른 색이 묻지 않도록 커버링 테이프로 감쌉니다.

06. Leaf Green, Antique Gold, White를 섞어 코너 선반장 문을 칠합니다.

07. 문 안쪽을 칠합니다.

08. 문 옆면을 칠합니다.

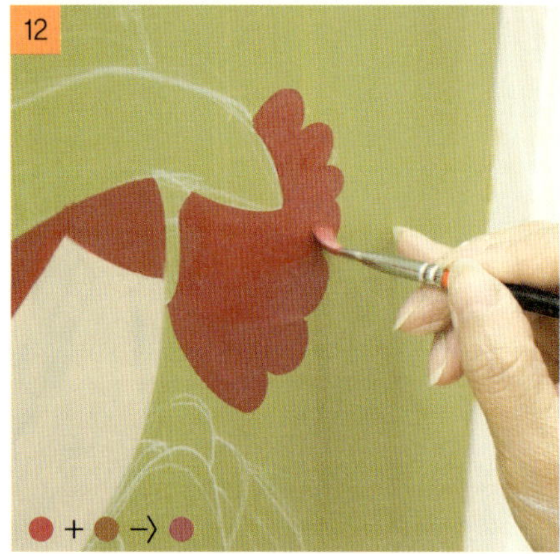

09. 220C 샌드페이퍼로 칠한 면을 가볍게 샌딩합니다.

10. 흰색 색연필로 밑그림을 그립니다.(222쪽 도안 참고)

11. Flesh Chair로 마녀의 얼굴을 칠합니다.

12. Christmas Red와 Cinnamon Brown을 섞어 머리를 칠합니다.

13. Lavender와 Navy Blue를 섞어 스카프를 칠합니다.

14. Black으로 모자를 칠합니다.

15. Black으로 망토를 칠합니다.

16. 둥근붓에 Primary Yellow를 묻혀 모자에 달린 별을 칠합니다.

17. Orange로 큰 호박을 칠합니다.

18. Orange와 Cinnamon Brown을 섞어 오른쪽의 작은 호박을 칠합니다.

19. 같은 색으로 왼쪽의 큰 호박을 칠합니다.

20. Cinnamon Brown으로 호박 꼭지를 칠합니다.

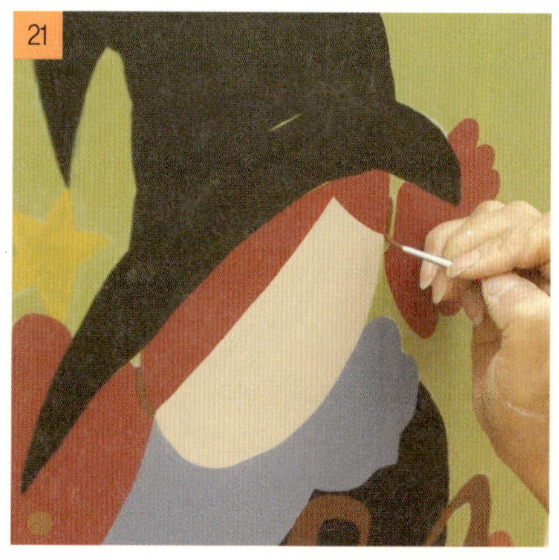

21. Cinnamon Brown으로 머리를 묶은 고무줄을 칠합니다.

22. 앵글붓에 Primary Yellow를 묻혀 호박에 하이라이트를 표현합니다.

23. 앵글붓에 Primary Yellow를 묻힌 뒤 셰이딩하여 호박의 작은 골을 표현합니다.

24. 호박 꼭지에도 같은 색으로 하이라이트를 표현합니다.

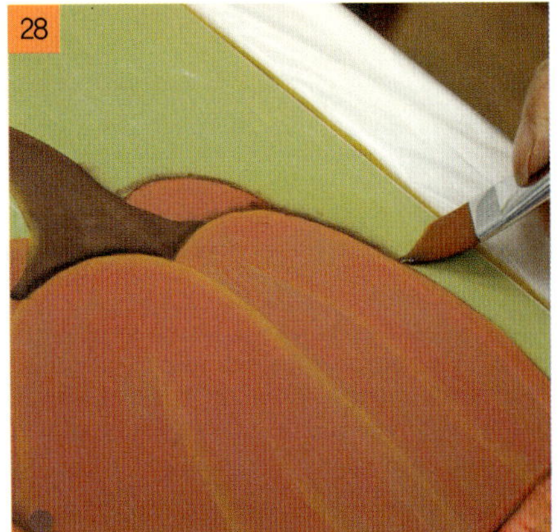

25. Black으로 호박 꼭지를 셰이딩합니다.

26. Black으로 다른 호박 꼭지를 셰이딩합니다.

27. Burnt Umber로 호박 골에 셰이딩하여 입체감을 줍니다.

28. Burnt Umber로 작은 호박의 아우트라인에 셰이딩합니다.

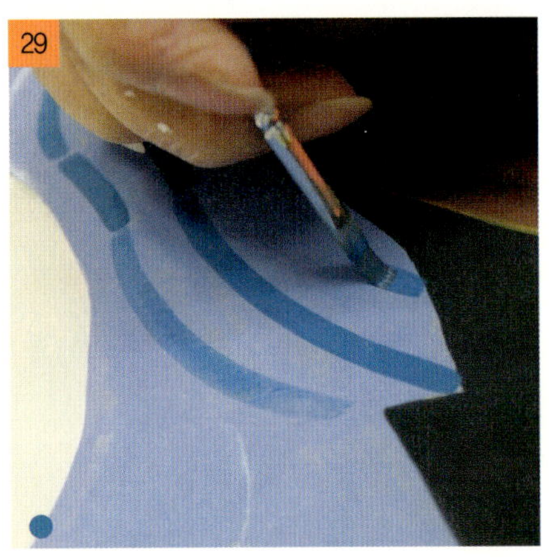  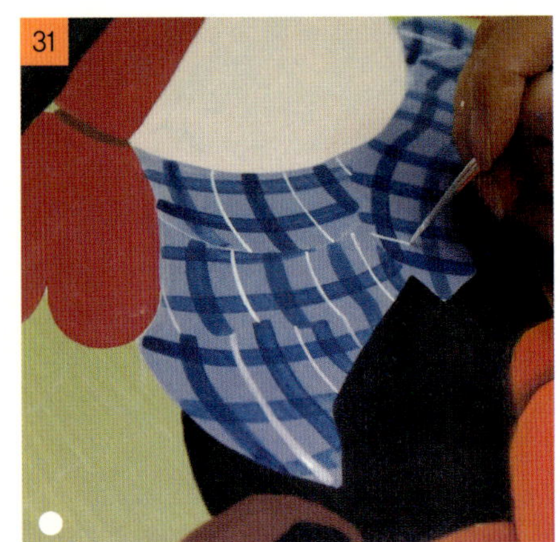

29. 평붓에 Navy Blue를 조금 묻혀 스카프에 선을 긋습니다.

30. 한 방향으로 그은 선이 마른 후 다른 방향으로 가로지르는 선을 더블 로딩
합니다.

31. 세필붓에 White를 묻힌 뒤 Navy Blue 체크무늬 사이에 가는 선을 긋습니
다.

32. 31에서 그은 선을 가로지르는 선을 긋습니다.

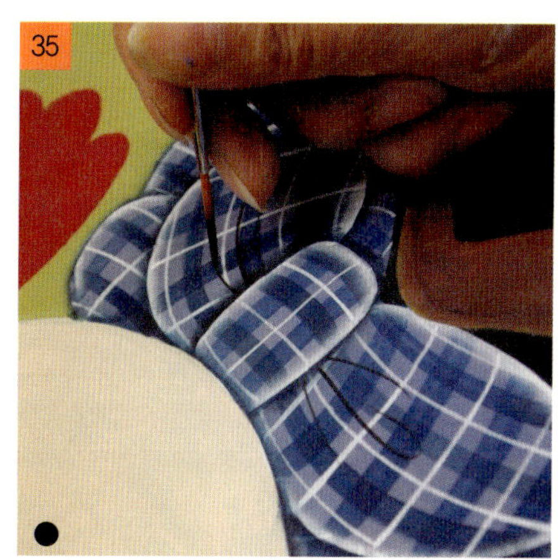

33. 앵글붓에 White를 묻혀 하이라이트를 표현합니다.

34. 스카프의 아웃라인과 겹치는 곳을 Colonial Blue로 셰이딩합니다.

35. 세필붓에 Black을 묻혀 리본 주름을 표현하는 선을 그립니다.

Reference : 자연스러운 스카프 표현 방법

스카프가 입체적으로 보이도록 선을 그을 때 반듯하게 긋지 않고 곡선으로 긋습니다. 목에서 내려오는 스카프의 굴곡도 일정한 간격을 유지하기보다는 자연스럽게 변화를 주는 것이 좋습니다. 즉 스카프의 아래쪽으로 내려올수록 간격을 넓게 하여 자연스럽게 묶여 있는 형태를 표현합니다.

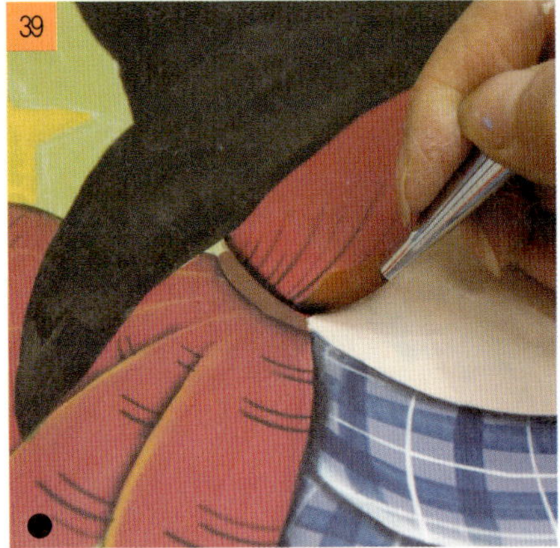

36. 앵글붓에 Antique Gold를 묻혀 덩어리진 머리를 표현합니다.

37. 세필붓에 Black을 묻혀 머리에 파마 형태를 단순화시킨 라인을 그립니다.

38. 앵글붓에 Black을 묻혀 머리를 셰이딩합니다.

39. Black으로 셰이딩하여 묶인 머리의 골을 표현합니다.

  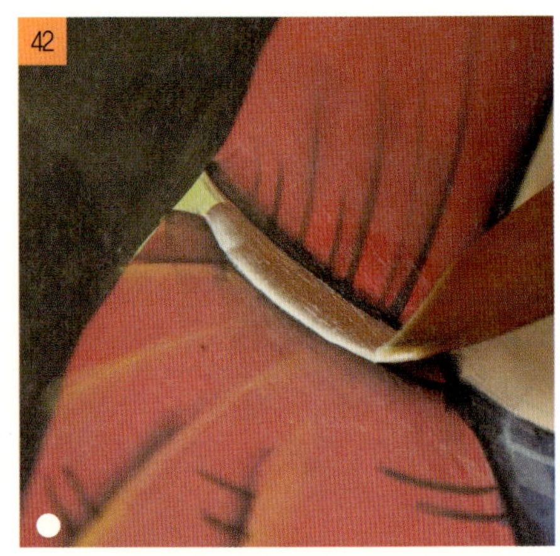

40. Black으로 머리 라인을 따라 셰이딩합니다.

41. Black으로 머리 전체 아웃라인을 셰이딩합니다.

42. White로 고무줄에 하이라이트를 줍니다.

43. White로 마녀 모자의 챙에 하이라이트를 줍니다.

44. 모자가 구부러지고 튀어나온 것을 표현하기 위해 모자 라인과 주름에 White로 하이라이트를 줍니다.

45. White를 조금 묻혀 키친타월에 찍어 닦아 낸 스텐실붓을 모자챙에 문질러 입체 효과를 줍니다.

46. 45와 같은 방법으로 모자의 주름 사이에도 입체 효과를 줍니다.

47. 스텐실붓으로 망토를 문질러 입체 효과를 줍니다.

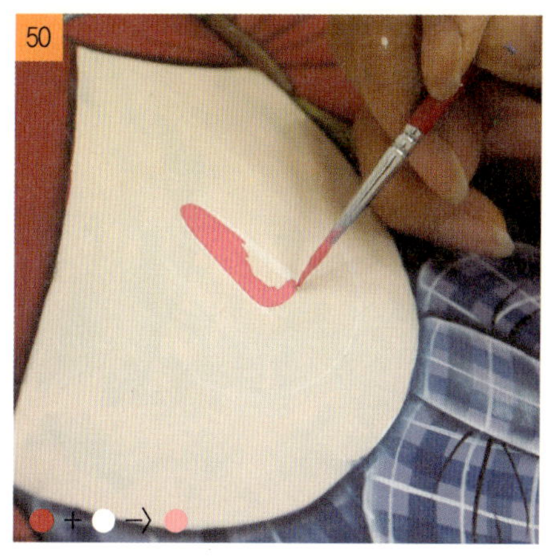

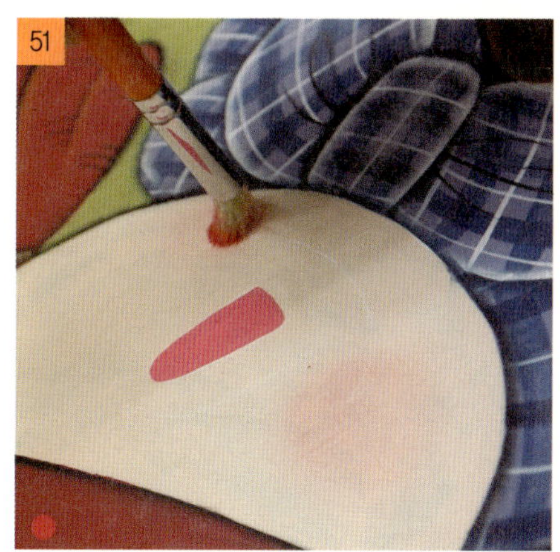

48. 스텐실붓에 White를 조금 묻힌 뒤 가볍게 문질러 입체 효과를 줍니다.

49. 흰색 색연필로 얼굴에 코를 스케치합니다.

50. Christmas Red와 White를 섞어 코를 칠합니다.

51. 스텐실붓에 Christmas Red를 조금 묻힌 뒤 닦고 둥글게 비벼 볼 터치를 표현합니다.

 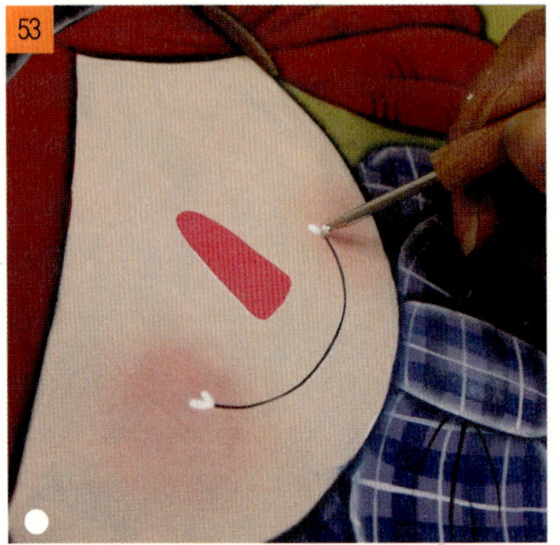 

52. 세필붓에 Black을 묻혀 입을 그립니다.

53. 도트펜에 White를 묻혀 입꼬리에 하트 모양으로 장식합니다.

54. 도트펜에 Black을 묻힌 뒤 찍어 눈을 표현합니다.

55. 세필붓으로 눈가의 애교 주름을 그립니다.

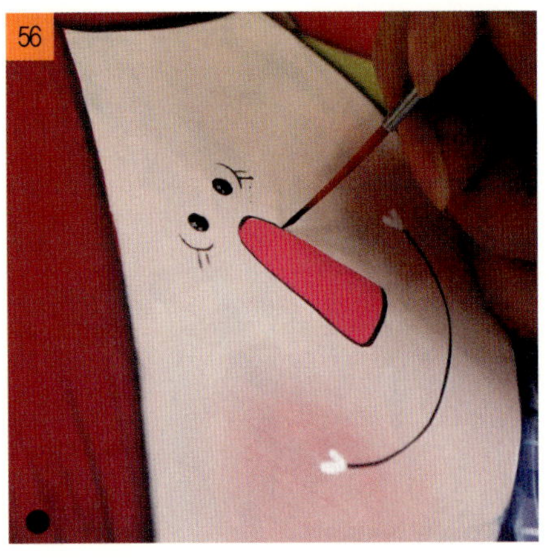  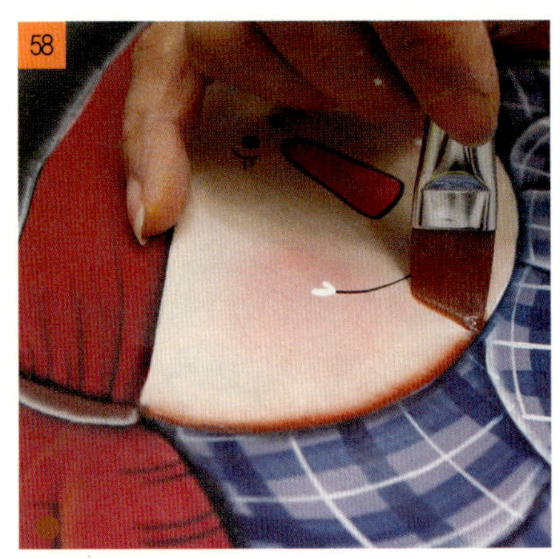

56. 코 라인을 그립니다.

57. 앵글붓에 Cinnamon Brown을 묻혀 별을 세이딩합니다.

58. 앵글붓에 Cinnamon Brown을 묻혀 얼굴 라인을 세이딩합니다.

59. 세필붓에 Black을 묻혀 모자의 아웃라인을 세이딩합니다.

60. 문 전체 외곽을 Burnt Umber로 셰이딩합니다.

61. 스텐실붓에 White를 조금 묻혀 종이타월에 닦은 후 호박의 튀어나온 부분
을 문질러 입체 효과를 줍니다.

62. 커버링 테이프를 벗겨 낸 후 코너 선반장 전체 면을 매끄럽게 샌딩합니다.

63. 걸레나 비로 샌딩한 가루를 털어 낸 후 매트 바니쉬를 발라 완성합니다.

CHAPTER 5. --
리폼 활용

재료 및 도구 : 전동 샌더(핸드 샌더, 사포 사용 가능), 물걸레, 백붓, 팬붓, 둥근붓, 종이테이프, 밀랍 초, 220C 샌드페이퍼, 매트 바니쉬

사용 물감 : 우드스테인 – 플랫 페인트 ●, 아크릴 물감 – Dusty Pink ●, Flesh Chair ●, White ○, Colonial Blue ●, Burnt Umber ●

01. 전동 샌더로 리폼할 의자 상판의 니스를 벗겨 냅니다. 이때 핸드 샌더나 사포를 이용해도 됩니다.

02. 물걸레로 나무 가루를 닦아 냅니다.

03. 백붓에 플랫 페인트를 묻혀 의자 상판을 칠합니다.

04. 플랫 페인트가 마른 후 의자 틀 부분에 종이테이프를 붙여 다른 색이 묻지 않도록 합니다.

 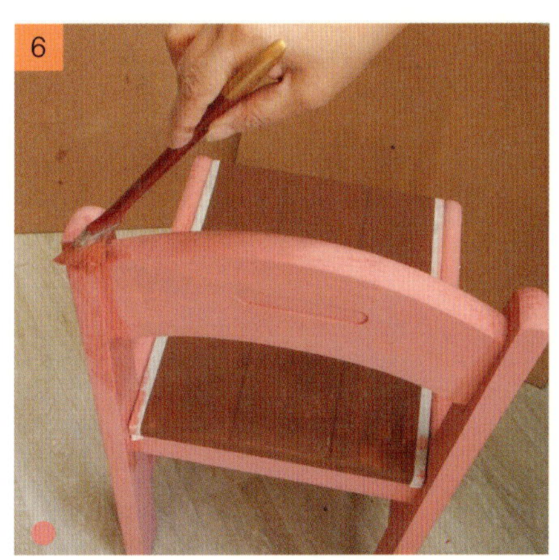 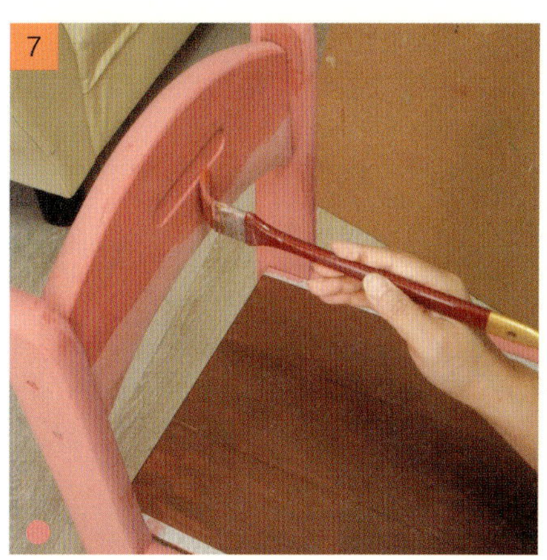

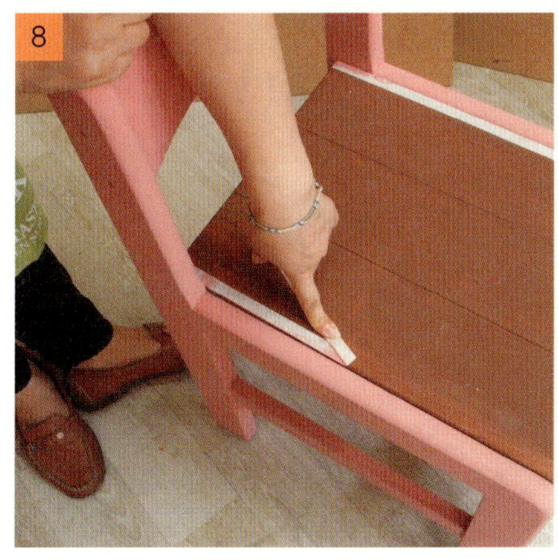

05. 아크릴 물감 Dusty Pink로 의자 틀을 칠합니다.

06. 등받이 좌우 프레임을 꼼꼼하게 칠합니다.

07. 등받이를 칠합니다.

08. 종이테이프를 떼어 냅니다. 플랫 페인트가 마른 후 떼어 내면 지저분하게 떨어질 수 있으므로 바로 떼어 냅니다.

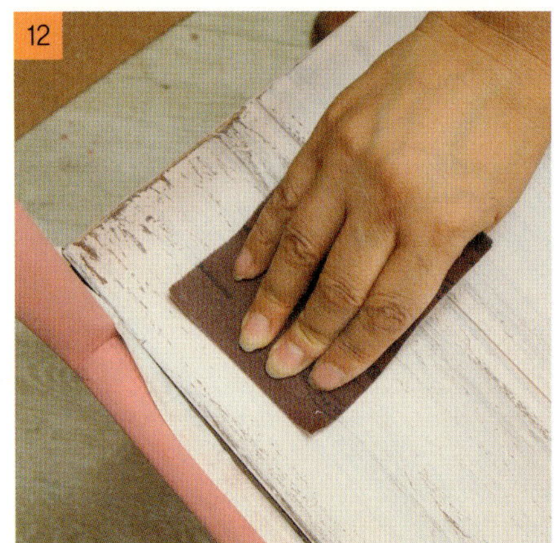

09. 밀랍 초를 의자 모서리와 상판에 바릅니다.(일반 초 사용 가능)

10. 의자 틀에 종이테이프를 붙여 다른 색이 묻지 않도록 합니다.

11. Flesh Chair와 White를 섞어 의자 상판에 칠합니다.

12. 칠이 다 마르면 220C 샌드페이퍼로 샌딩합니다.

  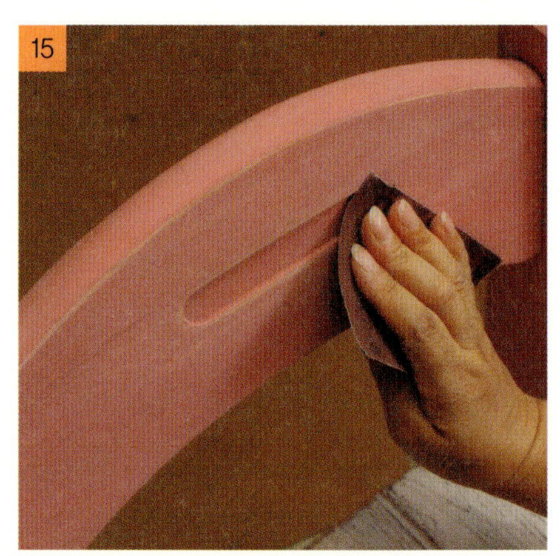

13. 의자 상판의 샌딩을 완료하였습니다.

14. 팬붓에 Colonial Blue를 조금 묻힌 후 마른 느낌의 선을 긋습니다.(드라이 브러쉬)

15. 글씨를 쓰고 그림을 그릴 등받이 홈을 220C 샌드페이퍼로 샌딩합니다.

16. 둥근붓에 White를 묻혀 등받이 홈 바깥쪽에 스티치를 그립니다.

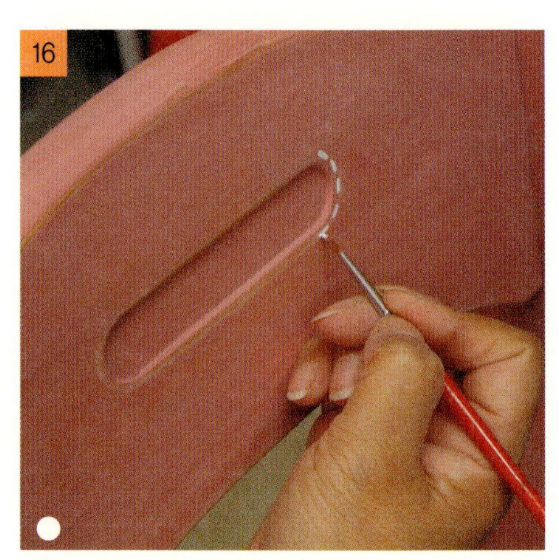

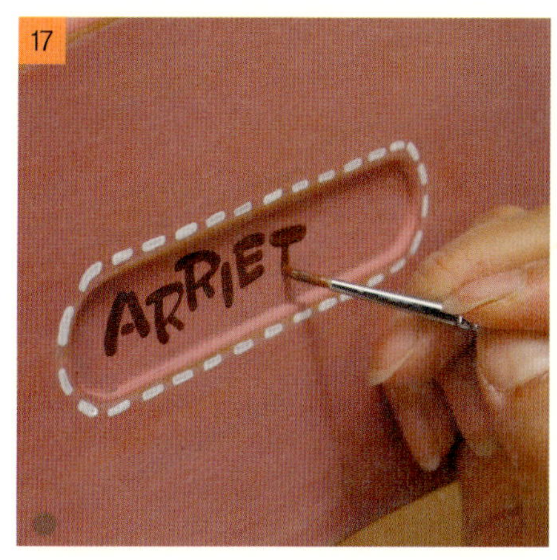
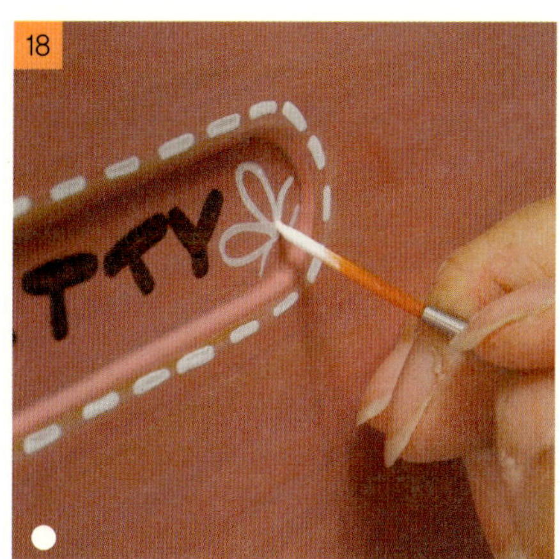

17. 아크릴 물감 Burnt Umber로 'ARRIETTY' 라고 씁니다.

18. 둥근붓에 White를 묻혀 꽃을 그립니다.

19. 백붓에 매트 바니쉬를 묻혀 잘 펴 바릅니다. 실제 사용하는 가구에는 2~3회
바르는 것이 좋습니다.

탁자 크기 : 120×95cm

재료 및 도구 : 전동 샌더, 물걸레, 앵글붓, 백붓, 평붓, 자, 연필, 종이, 종이테이프, 양초, 사포, 매트 바니쉬

사용 물감 : 우드스테인 – 플랫 페인트 ●, 아크릴 물감 – Butter Milk ●, White ○, American Turkey ●, Leaf Green ●, Primary Yellow ●, Orange ●, Black ●, Christmas Red ●, Cinnamon Brown ●

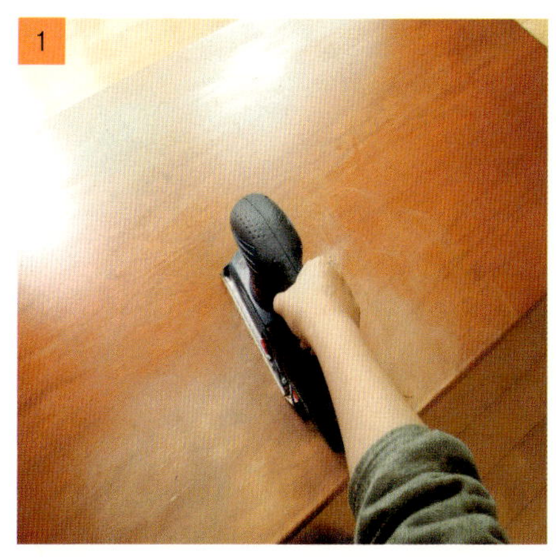

01. 전동 샌더로 리폼할 탁자 상판의 니스를 벗겨 냅니다.

02. 샌딩할 때 나온 나무 가루를 물걸레로 닦아 냅니다.

03. 백붓에 플랫 페인트를 묻혀 탁자 상판을 칠합니다.

04. 탁자 상판의 크기를 잰 후 분할 계산을 하고 채색 계획을 세웁니다.

05. 자로 치수를 잰 뒤 연필로 선을 긋습니다.(223쪽 도안 참고)

06. 연필로 그은 선을 따라 종이테이프를 붙여 칸을 만듭니다.

07. 종이테이프로 칸 바깥쪽을 둘러싸도록 붙입니다.

08. 종이테이프가 붙어 있는 곳부터 안쪽까지 양초를 바릅니다.

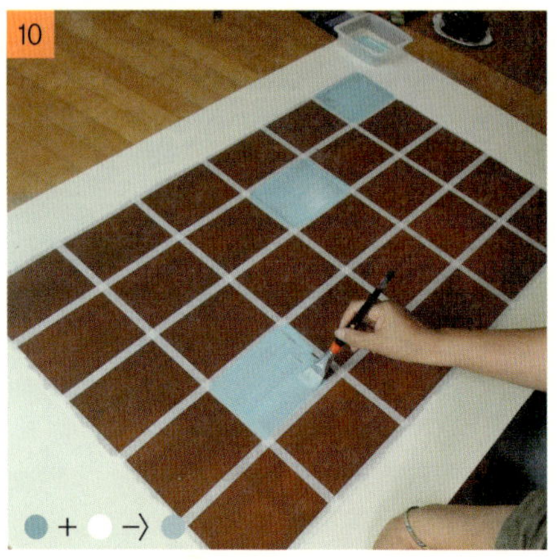

09. 아크릴 물감 Butter Milk와 White를 섞은 색으로 프레임을 칠합니다.

10. American Turkey와 White를 섞은 색으로 띄엄띄엄 칠합니다.

11. Leaf Green과 White를 섞은 색으로 띄엄띄엄 칠합니다.

12. Primary Yellow와 White를 섞은 색으로 띄엄띄엄 칠합니다.

13. Orange와 Butter Milk를 섞은 색으로 띄엄띄엄 칠합니다.

14. White를 띄엄띄엄 칠합니다.

15. Black과 White를 섞은 색으로 띄엄띄엄 칠합니다.

16. Christmas Red와 Orange를 섞은 색으로 띄엄띄엄 칠합니다.

17. 사포로 프레임을 샌딩합니다.

18. 종이테이프를 떼어 내고 프레임과 칸이 자연스럽게 연결되도록 가볍게 샌딩합니다.

19. 칸의 안쪽을 가볍게 샌딩합니다.

20. 앵글붓에 아크릴 물감 Black을 블렌딩하여 칸의 아우트라인을 셰이딩합니다.

21. 앵글붓에 아크릴 물감 Cinnamon Brown을 블렌딩하여 칸을 셰이딩합니다.

22. 프레임 안쪽 코너 부분은 아크릴 물감 Black으로 강하게 셰이딩합니다.

23. 매트 바니쉬를 발라 마감합니다. 마른 후 2~3회 덧바르면 좋습니다.

오너먼트 구입처 : http://cafe.naver.com/47060234

재료 및 도구 : 전동 샌더, 물걸레, 초, 백붓, 평붓, 둥근붓, 앵글붓, 세필붓, 스텐실붓, 220C 샌드페이퍼, 도트펜, 연필, 흰색 색연필, 지우개, 매트 바니쉬, 목공 본드

사용 물감 : 아크릴 물감 – Forest Green ●, Cinnamon Brown ●, Cherry Pink ●, White ○, American Turkey ●, Primary Yellow ●, Black ●, Christmas Red ●, Navy Blue ●, Burnt Umber ●, Orange ●, Leaf Green ●, Holy Bush ●

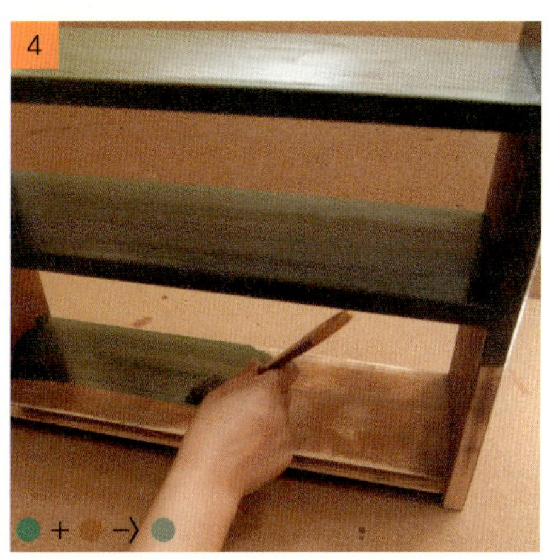

01. 전동 샌더로 선반장 전체 면을 샌딩합니다.

02. 물걸레로 나무 가루를 닦아 냅니다.

03. 선반장이 깨끗이 정리되었습니다.

04. 아크릴 물감 Forest Green과 Cinnamon Brown을 섞어 선반장 전체를 얇게 칠합니다.

05. 모서리 부분에는 수차례 초를 칠하고 넓은 부분에는 수차례 선을 긋습니다.

06. Cherry Pink와 약간의 White를 섞어 가장 위쪽 선반을 칠합니다.

07. 위쪽 선반 아랫부분에도 같은 색을 칠합니다.

08. 220C 샌드페이퍼로 초를 칠한 부분을 중심으로 샌딩합니다. 이때 220C 샌드페이퍼에 물을 묻혀 샌딩하는데, 이렇게 하면 물감이 잘 벗겨져 나뭇결이 살아납니다.

09. 220C 샌드페이퍼로 선반장 모서리와 옆면을 나뭇결이 보일 정도로 샌딩합니다.

10. 아래쪽 선반도 나뭇결이 보일 정도로 샌딩합니다.

11. 물걸레로 깨끗이 닦습니다.

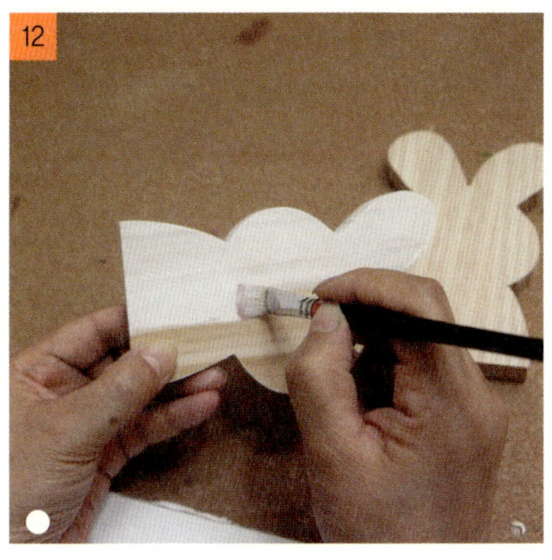  

12. 오너먼트 토끼 반제를 매끄럽게 샌딩한 뒤 평붓에 White를 묻혀 나뭇결과 같은 방향으로 칠합니다.

13. 연필로 밑그림을 그립니다.(223쪽 도안 참고)

14. American Turkey와 White를 섞어 수토끼의 상의를 칠합니다.

15. American Turkey로 수토끼의 바지를 칠합니다.

  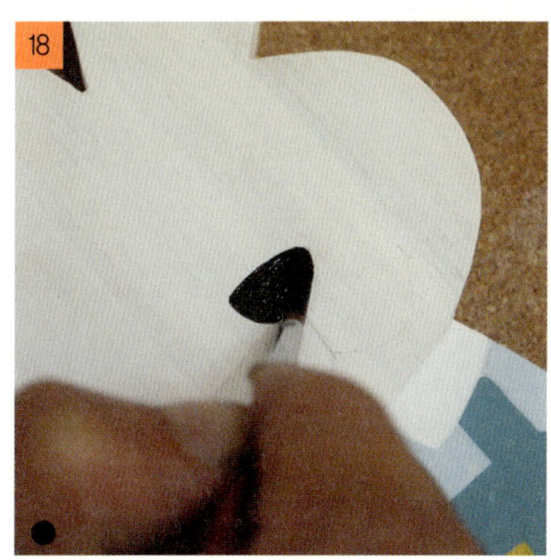

16. 상의의 칼라를 옆면까지 연결시켜 칠합니다.

17. 둥근붓에 Primary Yellow를 묻혀 바지 앞쪽 주머니를 칠합니다.

18. 둥근붓에 Black을 묻혀 수토끼의 코를 칠합니다.

19. 앵글붓에 Cinnamon Brown을 묻혀 토끼 바깥쪽을 셰이딩합니다.

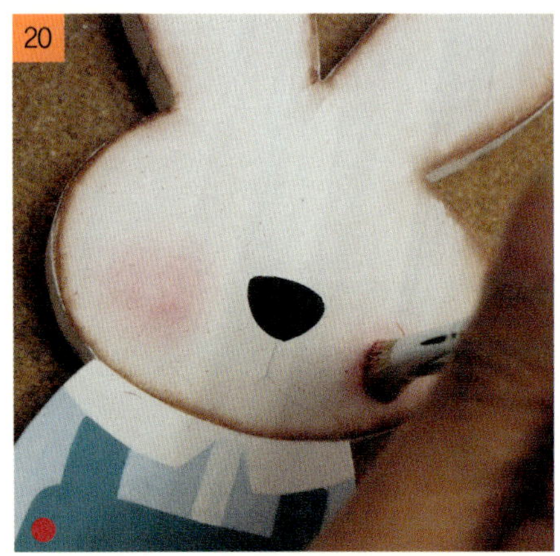

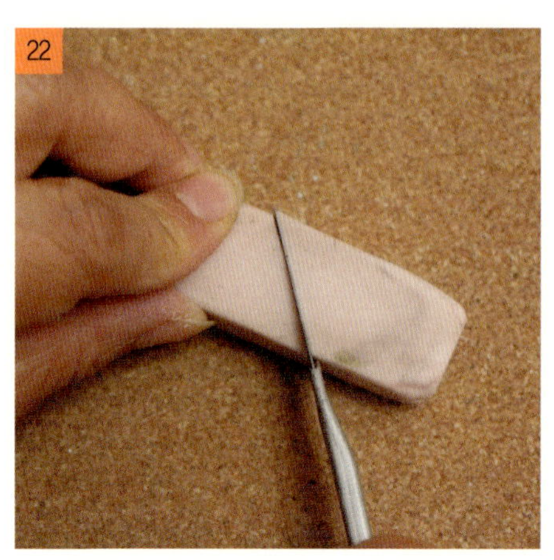

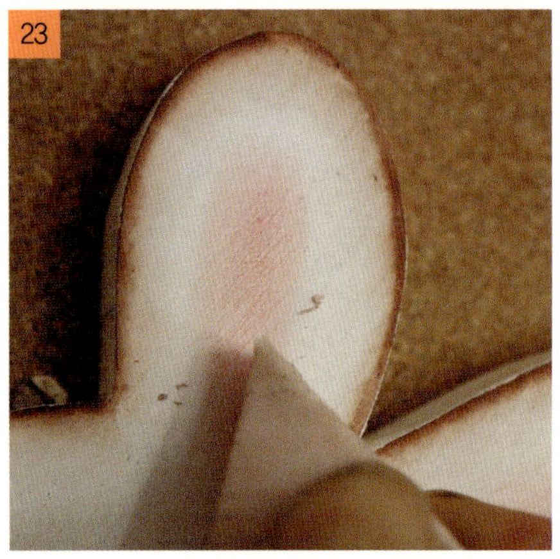

20. 스텐실붓에 Christmas Red를 묻혀 색을 뺀 뒤 옅은 색으로 볼 터치를 표현합니다.

21. 20과 같은 방법으로 귓속을 표현합니다.

22. 지우개를 섬세하게 사용할 수 있도록 비스듬히 자릅니다.

23. 스텐실붓으로 표현한 귓속을 지우개로 지워 그 모양을 정리합니다.

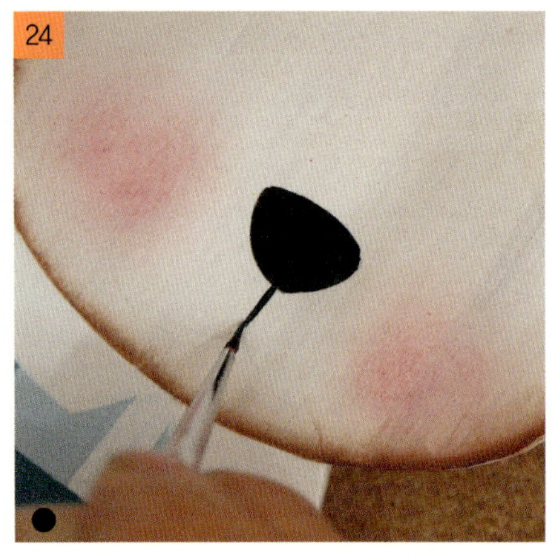

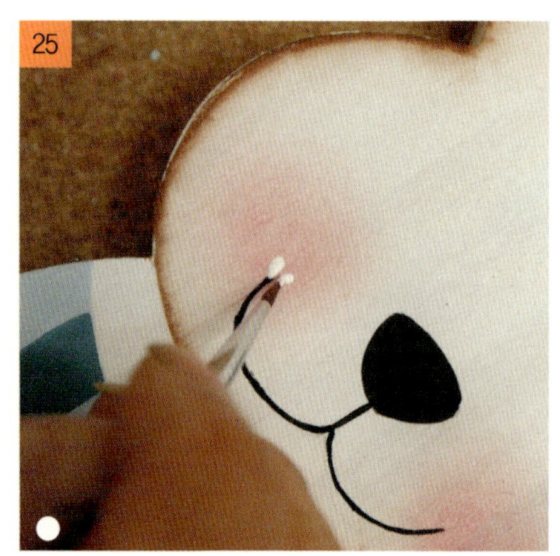

24. 세필붓에 Black을 묻혀 인중과 입을 그립니다.

25. White로 입꼬리 부분에 하트를 그립니다.

26. 붓 끝에 Black을 묻혀 찍어 눈을 표현합니다. 도트펜이 없을 경우 붓 끝을 이용하면 됩니다.

27. 세필붓에 Black을 묻혀 토끼의 수염을 가늘게 그립니다.

28. 앵글붓에 Navy Blue를 묻혀 칼라를 셰이딩합니다.

29. 앵글붓에 Burnt Umber를 묻혀 멜빵끈을 셰이딩합니다.

30. 도트펜에 Orange를 묻혀 찍어 단추를 표현합니다.

31. Orange로 주머니를 셰이딩합니다.

32. 세필붓에 White를 묻혀 멜빵끈과 바지에 스티치를 그립니다.

33. 세필붓에 Burnt Umber를 묻혀 바지 앞쪽 주머니에 스티치를 그립니다.

34. 도트펜에 Burnt Umber를 묻혀 단추를 그립니다.

35. Leaf Green으로 칠한 후 White를 더블 로딩하고 Holy Bush로 가는 라인을 넣어 체크무늬를 표현합니다. 그리고 Burnt Umber로 셰이딩한 리본에 세필붓을 이용하여 Black으로 리본 형태에 라인을 그립니다.

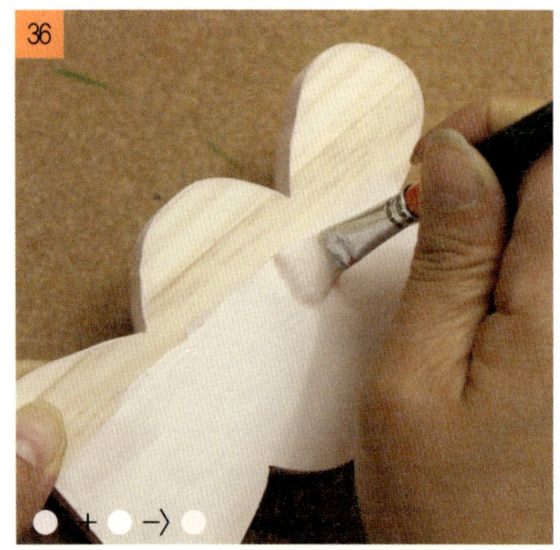

36. 토끼 오너먼트를 Cherry Pink와 White를 섞은 색으로 칠합니다.

37. 흰색 색연필로 밑그림을 그립니다.

38. 둥근붓에 White를 묻혀 상의 레이스 칼라를 칠합니다.

39. Primary Yellow로 상의를 칠한 후 Leaf Green으로 멜빵 스커트를 칠합니다.

40. 앞쪽과 같은 방법으로 암토끼의 얼굴을 표현합니다.

41. 앵글붓에 Cinnamon Brown을 묻혀 암토끼의 멜빵치마와 상의 칼라를 셰이딩합니다.

42. 굵은 도트펜에 White를 묻혀 단추를 표현합니다.

43. 세필붓에 White를 묻혀 스티치를 그립니다.

44. 도트펜에 Christmas Red를 묻힌 뒤 다섯 개의 점을 찍어 꽃잎을 표현합니다.

45. 도트펜에 Primary Yellow를 묻힌 뒤 가운데에 찍어 꽃을 완성합니다.

46. Christmas Red를 칠한 후 Primary Yellow로 도트 무늬를 찍은 리본에 Black으로 라인을 그립니다.

47. 220C 샌드페이퍼로 각 오너먼트의 모서리 부분을 샌딩합니다.

48. 색 작업이 끝난 오너먼트와 선반에 매트 바니쉬를 바릅니다.

49. 리본 뒤쪽에 목공 본드를 바릅니다.

50. 목공 본드를 바른 리본을 수토끼의 목과 암토끼는 귀 아래쪽에 붙입니다.

51. 완성된 수토끼와 암토끼 아래쪽에 목공 본드를 바른 뒤 선반 위에 붙입니다.

CHAPTER 6.
부록

2부 Lesson 5. 미아 방지 목걸이(52쪽)

2부 Lesson 6. 머리핀(56쪽)

2부 Lesson 7. 연필꽂이(64쪽)

3부 Lesson 3. 종이컵 보관함(82쪽)

3부 Lesson 1. 캠핑용 문패(70쪽)

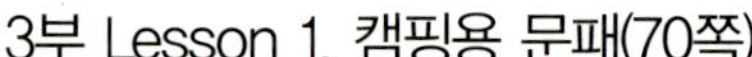

3부 Lesson 2. 다용도 수납함(78쪽)

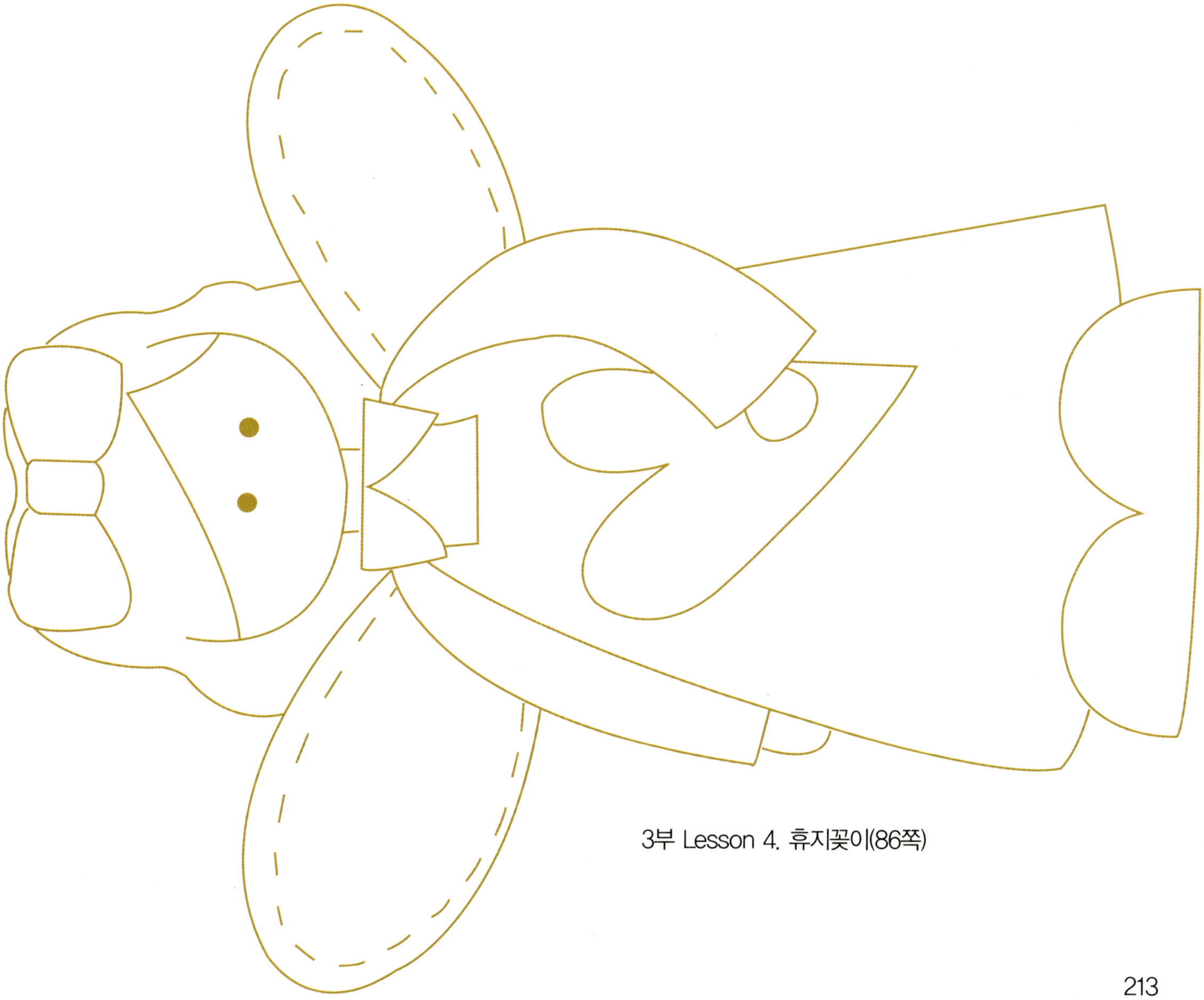

3부 Lesson 4. 휴지꽂이(86쪽)

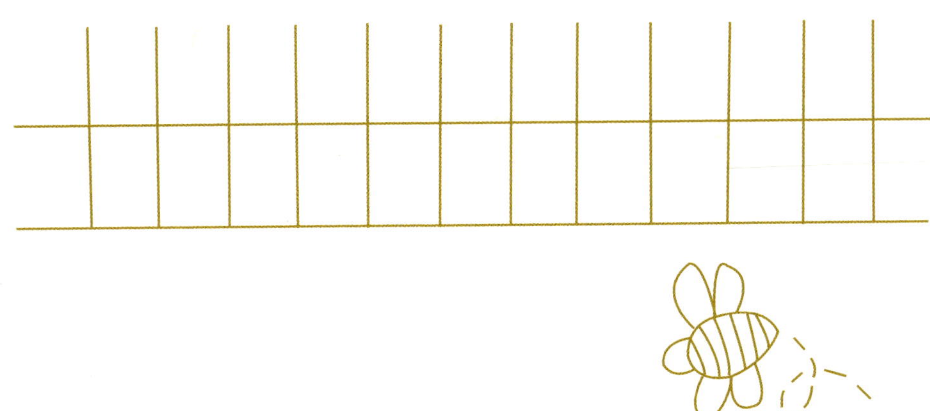

3부 Lesson 5. 키친타월 걸이(92쪽)

3부 Lesson 6. 스위치 커버(98쪽)

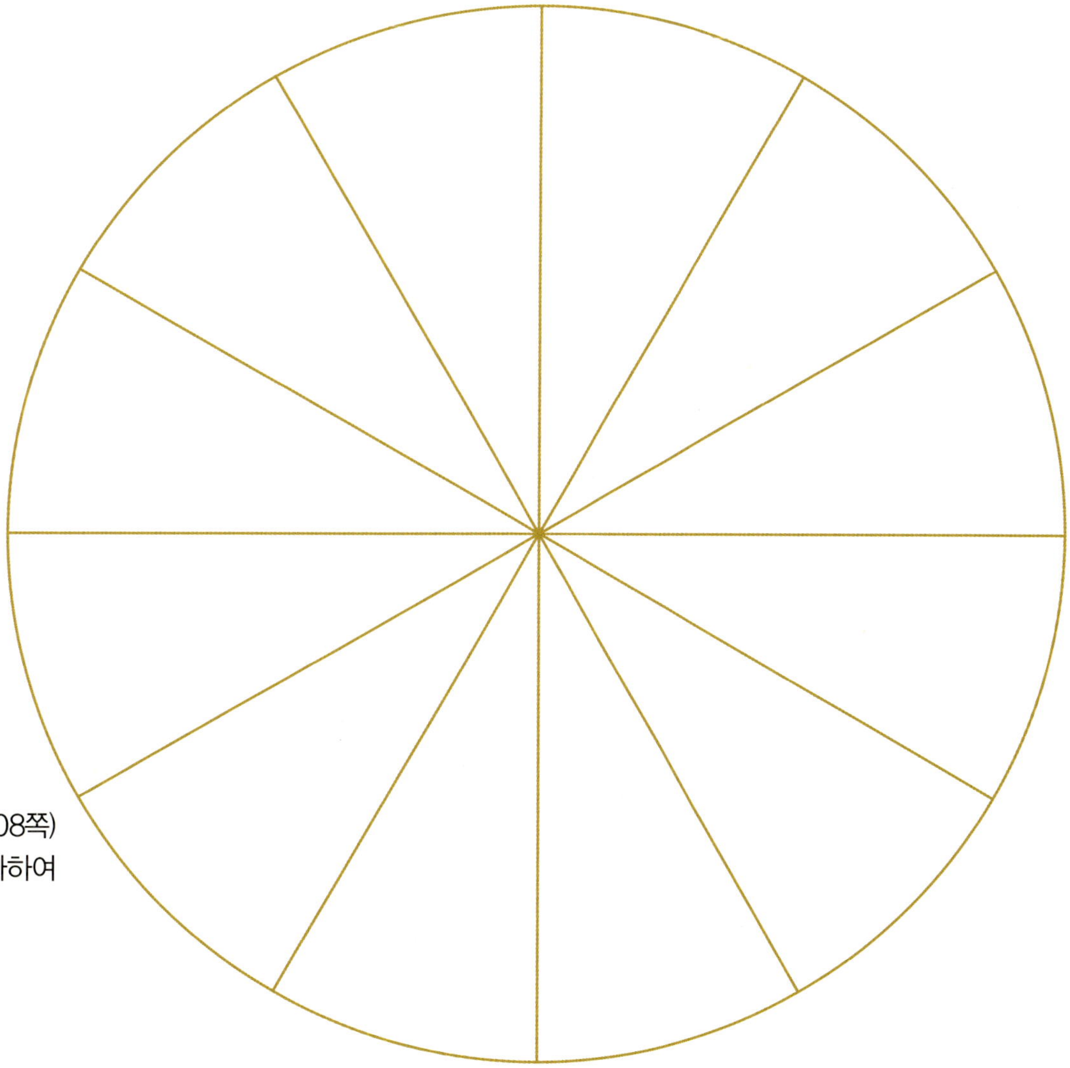

3부 Lesson 8. 시계(108쪽)
크기에 맞게 확대 복사하여
사용하세요.

3부 Lesson 9. 베어 의자(114쪽)

3부 Lesson 10. 만년 달력(120쪽)

4부 Lesson 2. 수납장(140쪽)

4부 Lesson 3. 인터폰 박스(146쪽)

4부 Lesson 4. 선반장(162쪽)

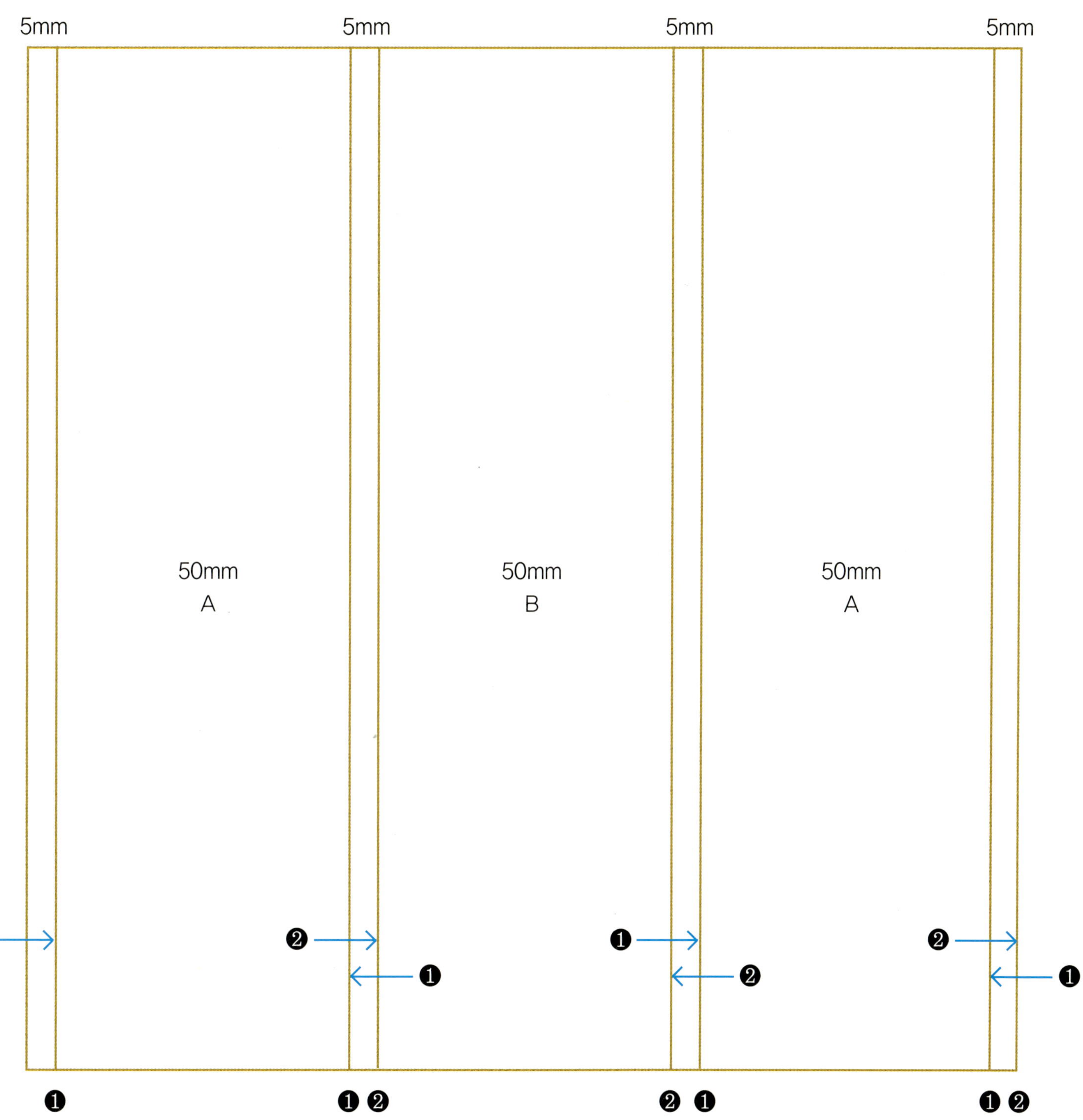

4부 Lesson 5. 미니 거실장(174쪽) 종이테이프를 붙이는 방법

종이테이프의 너비는 보통 10mm이므로 간격을 5mm로 할 때는 종이테이프를 두 번에 걸쳐 옮겨 붙입니다. 먼저 ❶번 방향으로 붙인 후 A면을 채색합니다. 채색이 마르면 종이테이프를 떼어 ❷번 방향으로 붙이고 B면을 채색합니다. 종이테이프의 너비가 5mm일 경우에는 중앙에 붙이면 됩니다.

4부 Lesson 6. 코너 선반장(182쪽)

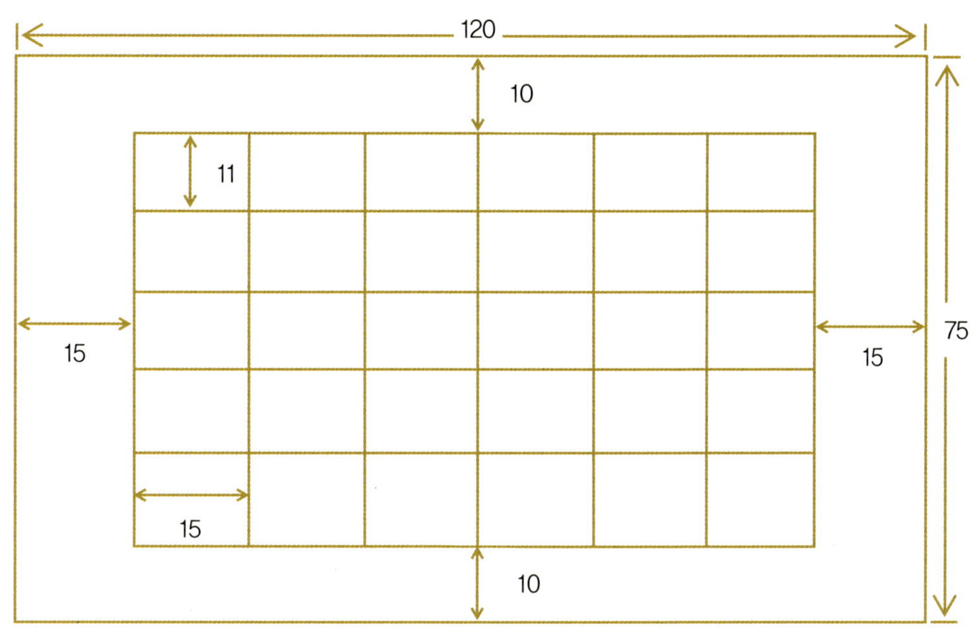

5부 Lesson 2. 다용도 탁자 리폼 설계도(198쪽) 단위 : cm

5부 Lesson 3. 미니 선반장 리폼(202쪽)

톨 페인팅 교육 과정 안내

초급 과정

수강 내용 : 톨 페인팅의 기초가 되는 과정으로 주로 소품을 이용합니다.
바늘꽂이 | 명함꽂이 | 나무 수첩 | 진저 열쇠고리 | 미아 방지 목걸이
머리핀 | 연필꽂이 등 6작품

중급 과정

수강 내용 : 초급 과정 이수 후 중급 과정이 진행됩니다.
캠핑용 문패 | 다용도 수납함 | 종이컵 보관함 | 휴지꽂이 | 키친타월 걸이
스위치 커버 | 메모판 | 시계 | 베어 의자 | 만년 달력 등 8작품

고급 과정

수강 내용 : 초급 과정과 중급 과정 이수 후 고급 과정이 진행됩니다.
공간 박스 | 수납장 | 인터폰 박스 | 선반장 | 미니 거실장 | 코너 선반장 등 6작품

※ 고급 과정 이수 후 포트폴리오 및 창작 작품 제출 심사를 통과하면
한국예쁜손글씨POP협회 강사 자격증이 발급됩니다.

다음 카페 : cafe.daum.net/sun1004pop
네이버 카페 : cafe.naver.com/top1q
이메일 : sun10048168@hanmail.net
전화 : 032-233-3699